本书由广西高校人文社会科学重点研究基地“区域社会治理创新研究中心”基金资助

农民土地权益保障政策

源起、评估及优化

韦彩玲 著

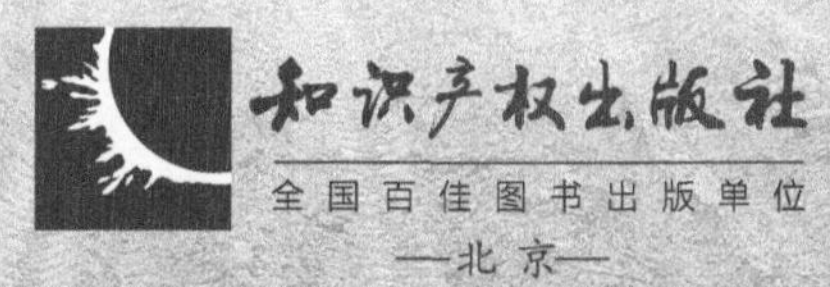
知识产权出版社
全国百佳图书出版单位
—北京—

图书在版编目（CIP）数据

农民土地权益保障政策：源起、评估及优化 / 韦彩玲著． —北京：知识产权出版社，2020.3

ISBN 978-7-5130-6806-2

Ⅰ.①农… Ⅱ.①韦… Ⅲ.①农民－土地所有权－权益保护－研究－中国 Ⅳ.①D922.304

中国版本图书馆CIP数据核字（2020）第040041号

内容提要

本书从公共政策层面研究农民土地权益保障问题，站在历史的角度准确地认识当前我国农村土地政策选择的历史渊源，从乡村旅游发展、农地流转、农村集体建设用地入市试点改革、农村宅基地改革等方面剖析我国农村土地政策利用创新中的农民土地权益的保障状况，进而从政策问题的构建、政策制定和政策执行这三个方面来优化当前的农民土地权益保障政策系统，提高政策质量和水平，切实保障农民的土地权益。

责任编辑：李小娟　　**责任印制**：孙婷婷

农民土地权益保障政策——源起、评估及优化

NONGMIN TUDI QUANYI BAOZHANG ZHENGCE——YUANQI、PINGGU JI YOUHUA

韦彩玲　著

出版发行：知识产权出版社有限责任公司　　**网　址**：http：//www.ipph.cn

电　话：010－82004826　　http：//www.laichushu.com

社　址：北京市海淀区气象路50号院　　**邮　编**：100081

责编电话：010－82000860转8531　　**责编邮箱**：lixiaojuan@cnipr.com

发行电话：010－82000860转8101　　**发行传真**：010－82000893

印　刷：北京建宏印刷有限公司　　**经　销**：各大网上书店、新华书店及相关专业书店

开　本：720mm×1000mm　1/16　　**印　张**：8

版　次：2020年3月第1版　　**印　次**：2020年3月第1次印刷

字　数：200千字　　**定　价**：69.00元

ISBN 978-7-5130-6806-2

前　言

如何保障农民土地权益是乡村振兴战略的重要举措。随着我国已进入着力破除城乡二元结构、形成城乡经济社会发展一体化新格局的重要时期，城乡经济利益格局必然被重塑再造，农民土地权益问题将更为复杂和尖锐。如何从公共政策层面切实保障农民土地权益，这已经成为我国经济发展以及城乡统筹发展的重要问题。基于此，本书从公共政策视角研究农民土地权益保障问题，从政策问题的构建、政策制定和政策执行这三个方面来优化农民土地权益保障政策系统，提高农民土地权益保障政策的质量和水平。

本书围绕上述问题从五个方面展开深入研究，全书共分为五章。第一章是绪论部分，对本项研究的背景、研究的意义及其相关研究进行梳理和简单述评，对本书涉及的相关概念进行界定，对研究方法、内容结构和创新意图进行说明。

第二章是我国农村土地政策的演进与农民土地权益保障分析，是本书研究的起点。我国农村土地制度历经了一个十分复杂的变迁过程，本书对 1947 年以来的农村土地政策进行详细的梳理，站在历史的角度准确地理解和认识当前农村土地政策选择的历史渊源，阐析和归纳不同时段的土地政策所体现的农民权益的基本情况，并运用数据分析检验不同时期农民土地权益保障政策的绩效。

第三章是我国农村土地政策利用创新与农民权益。本书主要从乡村旅游发展、农地流转、农村集体建设用地入市试点改革、农村宅基地改革剖析农民土地权益状况。

第四章是农民土地权保障政策的国际经验与启示。主要借鉴了国外典型国家如何保障农民土地权益的经验。主要有典型国家土地征用政策如何保障农民土地权益经验，土地流转过程中如何保障农民土地权益的经验，农民土地制度改革的经验等。这些典型国家在政策制定和执行方面的经验和教训为完善我国农民土地权益保障政策提供了启示和借鉴。

第五章是我国农民土地权益保障政策的优化，是对现行我国农民土地权益保障政策系统的完善，也是本书的重点。在政策问题构建方面优化的建议是：从思想上高度重视农业和农民；摈弃传统发展战略，加大“工业反哺农业”，尊重并保障农民的土地发展权，提高农民土地权益保障政策制定者的素质。在政策制定方面优化的建议是：完善相关法律法规，保障农民土地权益；健全财税体制，解决地方政府对“土地财政”依赖；改革征地制度，从源头上保障农民土地权益；推进农村宅基地改革。在农民土地权益保障政策执行优化的建议是：健全征地监督机制；推进农村土地流转规范、有序进行；提高农民群体的参与能力；提高政策执行者的综合素质。完善农民土地权益保障政策的配套：完善当前的户籍制度，加快农民市民化进程；完善农村教育体制，从根本上提升农民权利意识和能力；完善失地农民社会保障。

目　录

第一章

绪　论

一、选题缘起与研究意义

（一）选题原因与问题的提出

土地作为农民生存的保障，其体现出的权益是农民所有权益中最核心的权益。如何保障农民土地权益是乡村振兴战略和实现农业现代化的关键所在。党的十八大报告强调，“坚持和完善农村基本经营制度，依法维护农民土地承包经营权、宅基地使用权、集体收益分配权，壮大集体经济实力，发展多种形式规模经营，构建集约化、专业化、组织化、社会化相结合的新型农业经营体系。改革征地制度，提高农民在土地增值收益中的分配比例”。党的十九大报告明确提出，“巩固和完善农村基本经营制度，深化农村土地制度改革，完善承包地‘三权分置’制度。保持土地承包关系稳定并长久不变，第二轮土地承包到期后再延长三十年。十九届中央全面深化改革领导小组第一次会议上强调，宅基地制度改革不得以买卖宅基地为出发点，不得以退出宅基地使用权作为农民进城落户的条件”。再次把农民土地权益保障问题提到了新的战略高度。如何从公共政策层面切实保障农民土地权益，这已经成为我国经济发展以及城乡统筹发展的重要问题。

1. 农民土地权益问题备受关注

农民土地权益保障问题根植于我国农村改革发展过程中。2002 年新修订的《中华人民共和国农业法》增加了“农民权益保护”，“把农民权益保障纳入了法律体系”[①]。2004 年国务院文件《关于深化改革严格土地管理的决定》提出了对失

① 李小云．中国农民权益保护研究 [M]. 北京：社会科学文献出版社，2007：50.

地农民有力的保障措施。2005 年温家宝总理在“两会”上强调征地补偿安置的重要性。2008 年党的十七届三中全会《中共中央关于推进农村改革发展若干重大问题的决定》提出了“保障农民权益是农村工作的出发点和落脚点”，“赋予农民更加充分而有保障的土地承包经营权，建立健全土地承包经营权流转市场，按照依法自愿有偿原则，允许农民以各种形式流转土地承包经营权……”

2. 农民土地权益问题事关重大

公共政策在很大程度上是对社会资源的配置和社会价值的分配。政府主要是通过制定和实施公共政策来管理社会公共事务和实现政府职能的。“土地权益保护不只是农民问题，农民土地权益保护已成为社会焦点。”[①] 农民土地权益问题已经超出农民问题的范畴，国家亟须高度重视已演变为公共问题的农民土地权益问题，政府应力图在政策上保障农民土地权益。如何从公共政策层面切实保障农民土地权益，这已经成为关系我国经济社会发展和稳定以及城乡统筹发展的重要问题。基于此，本书从公共政策视角研究农民土地权益保障问题。

（二）研究意义

如何保障农民土地权益是解决“三农”问题尤其是农民问题的核心。如果农民土地权益得不到保障，不仅会影响到城乡一体化发展的进程，而且会从根本上制约农村社会甚至整个社会的发展。公共政策是对社会资源和价值的权威性配置，赋予农民什么样的土地权益，直接折射出制度设计的价值取向和国家政策的真正意图。因此，从公共政策的角度来研究我国农民土地权益保障问题，并运用量化分析方法对农村土地政策的问题构建、政策制定以及政策执行等阶段进行深层次评估，以此为基础对农民土地权益保障政策展开深入研究具有重大的实践及理论意义。

第一，本书的研究试图为如何保障我国农民土地权益提供政策选择。农民土地权益是农民诸多权益中的核心问题，从公共政策角度研究农民土地权益问题能够为农民土地权益保障提供相对系统的制度创新和政策选择。从政策的问题构建、政策的制定、政策的执行这三个视角提出优化我国农民土地权益保障政策的建议，为构建农民土地权益保障提供一个相对完备的政策选择体系，促进我国农

① 王景新．现代化进程中的农地制度及其利益格局重构 [M]. 北京：中国经济出版社，2005：74.

民土地权益保障研究的科学化发展。

第二，本书的研究试图为我国农村土地改革的深化和发展提供现实依据。目前，农村土地改革正处于瓶颈阶段，农民土地权益问题是农村土地改革的重中之重，农民土地权益保障的基本概貌能够为我国农村土地改革提供现实依据。农民土地权益保障政策的制定和执行，是建立在充分认识包括深层次量化规律在内的客观规律的基础上。深层次量化规律有助于更好地了解和把握农民土地权益保障的现状。对农民土地权益保障现状进行程度方面的精确刻画，是农民土地权益保障政策制定和调整的重要依据，更是我国农村土地进一步改革的现实依据，并在某种程度上为农村土地改革指明了方向。

第三，本书的研究有利于完善和优化我国农民土地权益保障的政策系统。公共政策分析是尽可能地运用类似于自然科学的研究程序和方法，对政策系统及其环境之间和政策过程诸环节之间进行因果关系或相关性分析，以期改进政策系统，提高政策质量。本书能够从完善农民土地权益保障政策结构的角度对现有政策的准确性、针对性进行量化的描述。

二、国内外研究综述

农民土地权益保障问题是解决“三农”问题、新型城镇化和乡村振兴战略的关键所在。深化农村集体产权制度改革，保障农民财产权益。再次把农民土地权益保障问题提到了新的战略高度。目前学术界研究农村土地问题的文献可谓是汗牛充栋，这些文献资料对本书仍有极大的帮助。

（一）国外研究综述

从国外相关文献资料来看，对土地问题的研究比较多，但专门从农民权益角度分析土地制度的文献并不多见。即便如此，国外有关土地问题的研究成果也很值得借鉴。

1. 关于土地征用的研究

Larbi（拉比）等认为，土地征用只能用于公共目的，如道路、街道、公共设施等，并且要对土地所有者给予合理补偿。[①]Holt（霍尔特）等认为，要按照《宪法》的规定，将土地征用严格控制在公共利益限定的范围内，并在相关政策中具体地列出公共利益的范畴。[②]征地补偿是整个征地过程的关键，关于征地补偿的理论可分为三种，完全补偿理论、适当补偿理论和公正补偿理论。Fischel（菲谢尔）和Shapir（沙皮尔）认为，补偿标准应该是农地转用市场价值的一部分。[③]Blume（布卢姆）等认为，土地征用是政府做出的社会福利最大化决策，因而提出一种简便的补偿标准——零补偿。[④]Irmes（伊尔迈什）则认为，政府若采取零补偿政策，无疑会“激励”私人投资者过度投资，因而应以公共价值而不是私人价值作为征地补偿。[⑤]Deman（德曼）提倡，土地征用的公平补偿方法。[⑥]Ednosal（诺赛尔）比较认同完全补偿理论，基于私人激励和非社会最优情况的考虑，他构建了社会最优分配的税收—补偿模型，据此他认为失地农民应得到完全的市场价值补偿。[⑦]

2. 关于土地产权的研究

在《资本论》《剩余价值理论》中，马克思对土地产权的内涵和外延作了精辟的阐述。马克思认为，“土地产权是指由所有权衍生出来的占有权、使用权、收益权、转让权、抵押权等权能组成的权利束。马克思还考察了土地产权结合、分离及独立运作的不同情况。一是土地所有权、占有权、使用权、收益权等权能结合在一起，由一个产权主体行使。二是土地私有制下，土地产权中的一项或几项权能与土地所有权相分离并独立运作。三是土地公有制下，土地所有权与使用权、占有权分离，从而形成土地所有者与使用者、占有者分离的多元化土地产权

---

① LARBI W O，ANTWI A，OLOMOLAIYE P. Compulsory land aequisition in Ghana-policy and praxis[J]. land use policy，2004，21（2）：115-127.

② HOLT E，PISAROVA M. Expropriation: who pulls the strings［J］. Slovak spectator，2000.

③ FISEHEL W，SHAPIRO P. A constitutional choice model of compensation for takings[J]. International review of law and economics，1989（9）：151-120.

④ BLUME L，SHAPIRO P. The taking of land：when should compensation be paid[J]. Quarterly journal of economics，1984（99）：71-92.

⑤ IRMES R. The economics of takings and compensation when land and its public use value are in private hands[J]. Land economics，2000（2）：199-261.

⑥ DEMAN S. The real estate takeover-application of grossman and hart theory[J]. International review of financial analysis，2000，9（2）：175-195.

⑦ NORSAL E. The taking of land:market value compensation should be paid[J]. Journal of public economics，2001，3（82）：431-443.

主体格局"[①]。

土地产权配置市场化是马克思土地产权理论的重要内容。马克思认为，土地产权不仅可以"借助于商品的各小部分的所有权证书，商品能够一部分一部分地投入流通"[②]。而且"变成一种交易品"[③]进入市场，通过市场机制进行优化配置。

（二）国内研究综述

近年来，农民土地权益保障问题成为学界关注和研究的热点，诸多学者从不同角度进行研究，基本可归结为以下几个方面。

关于如何保护征地中农民利益的问题。通过梳理我国理论界对征地过程中如何保护农民权益问题研究的文献发现，诸学者主要从政府层面、农民层面、制度层面以及补偿层面四个视角提出对策建议。

从征地补偿层面来保护农民利益。"获得补偿是被征地公民享有的权利，必须通过正当合理的征地补偿机制和可行的救济机制平等地保护城乡公民的土地财产权利。"[④]"要改变依照土地原用途的补偿方式，应该以土地的市场价值为标准来对农民进行补偿。同时明确补偿的对象是被征地集体的成员而不是村委会或村小组，把补偿款足额发放到农民个体手中。"[⑤]建议适当扩大我国目前的补偿范围，将除土地的直接损失之外的财产损失量化、确定，列入补偿的范围，以确保被征地农民的合法权益，建立科学合理、有效合法的土地补偿制度；"将我国农民征地原有补偿范围耕地补偿费、安置补助费以及地上附着物和青苗的补偿费扩大，增加邻接地补偿、残存地补偿、通损地补偿。"[⑥]王春林提出："对失地农民进行补偿时，必须充分考虑到土地的溢价因素，必须明确规定土地补偿费和安置补助费在土地转让价格中所占的比例，使提高补偿标准具有明确的可操作性。"[⑦]刘宇华通过建立土地价格机制和土地资源分配增值机制，进一步探索富有弹性的土地报酬补偿方式，使土地的使用权通过市场机制来有序流动，实现农民将土地使用经营权转变为具备可持续收入的财产性物权，确保农民在城市化和工业化进

① 洪名勇．论马克思的土地产权理论 [J]. 经济学家，1998（1）.

② 中央编译局．马克思恩格斯全集：46 卷（下）[M]. 北京：人民出版社，1980：446.

③ 中央编译局．马克思恩格斯全集：1 卷 [M]. 北京：人民出版社，1972：148.

④ 薛小建．征地补偿制度法律问题探讨 [J]. 政法论坛，2010（5）.

⑤ 陈永峰．经济法视角下农民土地权益的保护 [J]. 前沿，2010（19）.

⑥ 贾康．中国新型城镇化进程中土地制度改革的新思路 [J]. 经济纵横，2015（5）.

⑦ 王春林．被征地农民合法权益保护的政策探讨 [J]. 中国劳动，2013（3）.

程中获得足够的利益[①]。

从征地制度改革层面来保护农民土地权益。改革现行土地产权制度。党的十八届三中全会提出，“赋予农民更多财产权利，推进城乡要素平等交换和公共资源均衡配置”，而农民的财产其实主要就是归为集体所有制的土地。持这一观点的学者认为，要从农村土地产权制度着手，才能从根本上保护征地过程中的农民利益。“农民之所以在土地征用过程中丧失话语权，是因为农民对其土地并没有明确的权利，所以必须明晰农村集体土地的产权关系，确立农民的主体地位，保证农民对其土地的财产权、完全自主权和自由处分的权利，这样在征地过程中，农民就有资格站在平等交易双方中的一方和政府进行讨价还价，从而保证自己的权益不被侵害。”[②]变革农地产权制度，这是从根源上消解征地冲突的难点。“现行农村土地产权的制度残缺，排他性缺失，制约着失地农民平等参与征地过程，损害着失地农民利益博弈的话语权和谈判权，农民土地利益难以很好地伸张和维护，需要创新农地产权制度，加快推进农村集体建设用地和宅基地使用权确权颁证工作，赋予农民更多土地财产权利，从制度上保障农民对承包地和集体资产股份的占有、流转、收益、抵押、担保和继承权，为探索农地进入市场交易，农民集体土地与国有土地享有同等财产权益奠定基础，从制度源头上保障失地农民能够公平合理地共享土地增值收益。”[③]

从政府层面加强征地过程中农民利益的保障。土地征用是政府为了公共利益的需要依法强制取得他人土地并给予补偿的行为。规范政府的征地行为，既能满足日益增长的土地需求，又保障了农民的利益。曲福田提出：“规范政府管理职能，严格限制政府的土地配置行为，除了必要的公益性建设需要动用征地权以外，应对政府的土地管理职能进行限定。一是建立相应的市场监管机制，纠正土地市场运行中的失灵现象，避免行政手段过分介入土地市场；二是通过完善土地规划体系和严格的土地用途管制来实施必要的农地规制，解决土地利用中的外部性问题。”[④]“农村土地征用过程中，应该通过培育健全的土地市场、转变地方政

---

① 刘宇华．深化农村土地制度改革进一步保障农民合法权益 [J]. 现代管理科学，2018（1）.

② 林卿，刘小锋．经济发展进程中农民土地权益状况研究——以福建省 A 县为调查案例 [J]. 东南学术，2011（3）.

③ 霍有光，沈红梅．利益博弈视域下农村征地冲突与化解路径 [J]. 农村经济，2015（9）.

④ 曲福田，等．工业化、城镇化进程中的农村土地问题：特征、诱因与解决路径 [J]. 经济体制改革，2010（5）.

府职能、建立多方参与的征地纠纷解决机制等措施来保护农民利益。”[①]张等文认为：“政府要规范征地补偿安置程序，认真执行征地公告、征地补偿安置方案及征地补偿登记制度，实行‘阳光操作’，确保被征地农民的知情权、参与权；政府要严格执行土地管理实施条例中的征地补偿标准，各地区应根据经济发展情况，在原有的补偿的基础上逐步提高失地农民的补偿标准，尽可能给失地农民多一些补偿；政府还要加强对征地补偿安置经费分配和使用的监督，确保补偿款全额发给农民，严禁侵占、截留和挪用；土地管理部门和纪检部门应加强土地用途管制，加强对开发商行为的监督，杜绝盲目圈地而导致土地荒废以及滥用征地权力寻租。政府在规范自身征地行为的同时，还应创新失地农民安置办法。实现对失地农民的多元化安置，建立被征地农民基本生活保障制度，确保失地农民拥有长远的经济来源，从而保障失地农民权利不再流失”[②]。金励以户改时代命题的高度提炼当前的土地配套改革要务为：“第一，完善进城落户农民承包地退地补偿方案，优化补偿时间计算方法，科学衡定补偿收益基数，试行多元来源方式集合补偿费用，将政府补贴、奖励与市场渠道资金结合，弥补集体经济组织开支承担力的局限性。第二，跟进户改进度，秉持‘权属合法、界址清楚、面积准确’原则，对落户农民的每一宗留地，厘清权所属、地类、位置、形状和用途等，及时确权登记发证，并同时‘明晰’三权分置后的权属性质。第三，综合拓展进城落户农民闲置留地的流转和抵押功能，在摸索抵押融资的资本价值同时，以出租、托管等多种形式实现留地的二级市场流转，并思考留地纳入农业规模化经营路径，提升进城落户农民留地的使用效率和经济产值。”[③]

从农民层面来保护自身权益。征地中农民权益屡遭侵害的原因涉及方方面面，其中农民自身的原因也不能忽视。一些学者认为，在征地中单个的农民被视为弱势群体，主要是缺乏组织性，难以有效争取和维护自己的权益。他们认为，农民组织是农民利益表达的主要途径和维护机制，尤其在工业化和市场化的条件下，农民的自我组织在表达和保障农民利益方面具有不可替代的地位和作用。徐勇认为，“农民之所以被视为弱势群体，主要原因在于缺乏组织性，难以有效争取和维护自己的权益。因此，要充分运用原有的组织资源，实现其功能转换，使

① 叶美霞，韩文军 . 农村土地征收中地方政府的角色失衡探讨 [J]. 现代经济探讨，2010（8）.
② 张等文，管文行 . 城镇化进程中失地农民的权利流失与保护路径 [J]. 湖北社会科学，2014（6）.
③ 金励 . 城乡一体化背景下进城落户农民土地权益保障研究 [J]. 农业经济问题，2017（11）.

其能够维护农民自身权益。同时也需要发育和完善农民自己的权益维护组织，特别是将权益维护功能融入经济和社会组织之中"[①]。农民可以通过自己的利益代表主体，主要包括：村委会（村干部）、小组组长和农民组织；来表达自己的利益诉求。"农民利益表达机制重构应特别重视村委会这一村民自治组织的作用，进一步完善村干部农民选举制度；应充分认识小组组长在农民心中的地位及在农村事务管理中的不可替代的作用，改进小组组长的农民推选制度；应鼓励农民自愿组建农民组织，因地制宜地发展非营利性组织和营利性组织，充分发挥其在农村社会管理和经济发展中的作用；应继续完善基层特别是乡镇的人民代表大会制度、政治协商制度、信访制度和听证制度，使农民利益表达不仅有通畅的制度外渠道，而且有通畅的制度内渠道，以便农民采取理性、有益、合法的方式表达自身的利益诉求。"[②]

2. 农村土地产权制度与农民利益研究

（1）关于土地产权制度损害农民利益的研究。

不同的产权结构决定着经济当事人不同的经济行为，进而形成不同的制度绩效。目前理论界对当前农村土地产权制度的问题基本形成共识，即农村土地产权制度的缺陷会直接影响到农民利益。周其仁指出："离开了清楚界定并得到良好执行的产权制度，人们必定争相攫取稀缺的经济资源和机会，在如此严峻的情势下，农民的土地利益遭遇侵犯。"[③] 罗必良认为："农民问题实质上是产权问题，土地产权主体不明确引发土地流失和'土地财政'，造成失地农民的权益缺乏保障。"[④] 于建嵘认为："我国现行法律虽然规定了农村土地三级'农民集体'所有，但没有明确规定'农民集体'作为土地所有权主体的构成要素和运行原则，没有明确产权代表和执行主体的界限和地位，没有解决'农民集体'与农民个人的利益关系。"[⑤] 贾康认为："'二元'产权结构体系使土地利益协调和农民权益保护的难度大大增加。在土地利益协调和农民权益保护中涉及的一个根本问题，就是土

① 徐勇．现代国家建构中的农民权益维护 [J]. 华中师范大学学报，2008（3）．

② 吴九兴，杨钢桥．农地整理项目实施中的农民利益表达机制现状研究 [J]. 华中农业大学学报（社会科学版），2014（3）．

③ 周其仁．农地产权与征地制度——中国城市化面临的重大选择 [J]. 经济学，2004（4）．

④ 罗必良．农村土地制度：变革历程和创新意义 [J]. 南方经济，2008（11）．

⑤ 于建嵘．农民是如何失去土地的 [J]. 经济管理文摘，2007（24）．

地增值收益的公平分配。两种产权结构体系并存，特别是集体土地产权主体由于多种原因最易虚置，增加了利益协调和保护农民权益的难度。集体土地产权如何在‘集体’中的每个人那里得以体现和受到保护，成为突出问题。”①

（2）关于如何完善土地产权制度的研究。

针对现行土地产权制度诸多学者从各自的研究角度提出种种改革方案，但更多学者的观点是完善当前的农村土地产权结构。项继权提出，农村土地制度改革和完善的总方向应该是：完善土地二轮延包，改革土地征用制度，建立农地退出机制，实行“农地稳定、公地调整”的政策，建立农村地价评估机制，从而进一步明晰和强化农民的土地产权，确保“农民对土地的生产经营自主权将长期保持不变，也就是永远不变”②。冀县卿认为：“我国第二轮土地承包政策赋予了农民更多的农地产权，更利于调动农民农业生产经营的积极性。因此，下一步改革的方向是进一步完善农地产权结构，赋予农民更多的农地产权。”③ 廖洪乐认为：“我国农村土地制度改革的重点应转向土地征用制度，确立农村集体土地所有权与国家土地所有权的平等地位，在国家、集体和农民个人间合理分配农村集体土地增值收益。”④“在坚持两种土地所有制并存的前提下，适当放松政府对农地转用的垄断和管制，促进和发展地权特别是集体建设用地的流转和交易权。”⑤ 要以坚持产权清晰表达、提高农民产权实施能力为目标，以增强土地权利资本化收益为导向，在坚持农村土地集体所有的前提下，既要做好确权登记颁证工作，又要有序推进“三权分置”工作，还要积极推进农村集体经营性建设用地入市流转工作入市流转工作，更要做好宅基地退出和补偿工作，确保在制度层面充分保障农民对土地的占有权、使用权和收益权。“同时，加快改革征地制度，清晰界定公益性用地范围，约束政府征地权力扩张地权力扩张，避免权力的错位、越位和缺位，构建可持续、跨期发展取向的征地补偿制度，确保农民权利在土地增值收益分配中发挥关键作用。”⑥

---

① 贾康．中国新型城镇化进程中土地制度改革的新思路 [J]. 经济纵横，2015（5）．

② 项继权．农民的地权选择与农地制度改革 [J]. 学习与探索，2007（5）．

③ 冀县卿，钱忠好．中国农业增长的源泉：基于农地产权结构视角的分析 [J]. 管理世界，2010（11）．

④ 廖洪乐．我国农村土地集体所有制的稳定与完善 [J]. 管理世界，2007（11）．

⑤ 北京天则经济研究所《中国土地问题课题组》．城市化背景下土地产权的实施和保护 [J]. 管理世界，2007（12）．

⑥ 刘元胜，胡岳岷．农民权益：农村土地增值收益分配的根本问题 [J]. 财经科学，2017（7）．

3. 关于农地流转与农民权益的研究

目前关于研究农村土地流转中农民利益问题的文献较为丰富，学者们从不同角度分析了土地流转中农民权益的保障问题。

（1）从土地流转参与主体的角度来研究农民权益。

“农地流转涉及多重主体利益的博弈，应构建合理的农户权益保障机制，约束企业、政府不合理的利益扩张行为，使土地流转博弈框架回归‘帕累托优化’均衡。”①

“在农村土地流转的利益博弈中，农民自身的分散性以及权利意识的淡薄导致农民缺乏与土地受让方平等谈判的能力，致使受让方往往凭借自身的优势挤压农民利益。”②“部分农民只考虑通过土地流转获取一定的转让费而忽视土地转让后的实际用途，导致获得土地现有经营权的一方在利益驱动下擅自改变农用土地原有的用途，在受让的土地上搞基建、办私企、盖厂房等，大面积的农用地转变成非农用地使国家耕地保护、粮食安全、经济安全的政策遭遇严重挑战，不利于农村社会的稳定协调。”③“目前农村土地承包经营权流转缺乏相应的流转服务机构，农户利益得不到保障，有时会受到严重侵害。农村很少有专门的流转服务平台为农民提供价格和法律服务，导致农户在土地的交易过程中可能会受到组织结构或者经济地位处于优势的另一方的权利侵害。”④

彭素基于农户的视角，利用中国大陆 26 个省份的问卷调查数据，通过建立结构方程模型，从微观层面证明了在农地流转过程中，土地权益的保护程度主要取决于农户自己的能力，如农户自身拥有的谈判能力和缔约能力，尤其是缔约能力。“农户的谈判能力越强，其得到的流转租金可能越高；而农户的缔约能力越强，就越能防止自己的土地权益受到外界的侵害。另外，农民合作社组织在对农地流转相关权益的保护方面也能发挥一定的作用，但影响相对较弱。”⑤

（2）从完善土地流转机制的角度来研究农民权益。

刘润秋在国家社科基金项目“利益协调推进农村土地流转制度研究”最终成

① 苏楠，杨学军，文龙娇．农地流转多重主体博弈分析——兼论农户权益保障 [J]. 中国农业资源与区划，2011（6）.

② 张杨．农村土地流转中农民权益保护的制度建构 [J]. 农业经济，2011（11）.

③ 何沙，曾宇．农地流转中农民权益保障研究 [J]. 宏观经济管理，2016（2）.

④ 王业松．多元视域下农村土地承包经营权流转问题解构及路径解析，农村经济，2016（4）.

⑤ 彭素，罗必良．基于农户视角的农民土地权益保护机制研究 [J]. 财贸研究，2013（6）.

果中提出："制约我国农地流转的根本障碍是利益失衡，因此，要通过建立流转土地的统一市场、完善农村社会保障制度、规范政府职能来保护农民权益。"①

刘志文在剖析土地流转出现各种问题的基础上，有针对性地提出了保护农民利益的对策建议："因地制宜培育土地规模经营主体；加快土地流转有形市场和社会化服务体系建设；加强农地流转的风险管理；加强对农地流转的监管。"②

姜晓萍认为："目前土地流转出现了土地收益权受损、民主管理权弱化、社会保障权缺失等现实困境。迫切需要以完善法律法规为前提，构建农民权利法定化机制；以完善农村社会保障为重点，构建农民福利保障机制；以提升农民维权能力为关键，构建农村新型社区治理机制；以利益协调为基础，构建农民权利流失的风险防范机制；以纠纷解决为依托，构建农民权利救济机制。"③

王业松认为："政府可以设立流转的交易机构，引用信用审核的机制对流转双方的信用以及是否有能力进行流转进行审核，杜绝欺诈行为。政府设立流转信息服务中心，为农民提供农业政策和法律咨询业务，并向各村及时转达信息使农民能够及早地了解流转信息，在建立和完善农村流转中介机构时应当依法登记并向农村土地承包主管部门备案。政府还应为农民设立土地价值鉴定机构，以市场供需机制的浮动来调节该项权利的流转价格并促进农村承包地优化配置。最后，政府应设置相应的机构协调和解决流转中出现的矛盾纠纷，并对农民进行宣传教育。除此之外，在法律上放松对该权流转的条件限制，对满足流转条件的农民允许其该项权利的流转，减少程序。"④

彭素提出政策建议："第一，农户应该充分利用在农村社区中所具有的社会资本，借助其政治资源，来提高自身在销售农产品以及农地流转过程中的谈判能力，防止土地权益受损；第二，随着改革开放的深入，中国农村应该提高农民组织化程度，形成真正意义上的农民｀经济组织，提高农民群体在与其他利益群体博弈中的地位，以更好地保护农民群体的土地权益；第三，在农地流转过程中，农户应该充分发挥自己的缔约能力，提高流转契约化程度，通过签订书面合同来降低契约纠纷的发生率，以维护土地流转权益不受侵犯。"⑤

---

① 杨丽艳，喻少华．农村土地流转中农民权益保障的反思 [J]. 特区经济，2012（1）．

② 刘志文．建立和完善农地承包经营权流转的农民利益保护机制 [J]. 农村经济，2011（12）．

③ 姜晓萍，衡霞．农村土地使用权流转中农民权利保障机制研究 [J]. 政治学研究，2011（6）．

④ 王业松．多元视域下农村土地承包经营权流转问题解构及路径解析 [J]. 农村经济，2016（4）．

⑤ 彭素，罗必良．基于农户视角的农民土地权益保护机制研究 [J]. 财贸研究，2013（6）．

何沙通过调研发现："农民权益保障遭损的案例多数可归因于农地流转的程序的无序性、保障方式的随意性、流转对象的盲目性、流转价格的不定性等。这些问题归根结底是农地流转制度的不规范。为此，必须规范土地流转的程序，加强土地流转登记制度的管理，逐步推行统一有效的农地流转承包合同。同时，按要求建立第三方交易平台，及时为农民提供农地流转的市场信息、咨询、评估等，通过中介组织的建设做好信息的收集、发布，承担委托代理的角色，发挥监督的功能，帮助农民确立合理的农地流转市场价格，使服务专业化、社会化。帮助农民和业主规避风险，最终达到保障农民权益的目的。"① 郑万军指出："首先要保障农民的知情权、实际参与权和农民的自主选择权来建立农地流转的民主决策机制。其次要构建农地流转的市场价格形成机制，基层政府应据实设置土地流转的监测网点，及时收集并动态发布土地流转的交易信息，为农户提供价格指导，提高农民的谈判能力，同时提供科学的价格评估服务，规范流转程序，保证公平合法交易。再次要改革农地流转的增值利益分享机制。最后要完善农民土地权益协调与诉求机制。"② 何阳等基于绩效考评的视角提出："针对农村土地承包经营权流转，构建一套独立科学、多元主体协同合作、评价指标体系多样化、奖罚行为分明、责任落实到位的地方政府绩效考评体系来保护农民利益。将农村土地承包经营权流转作为一个独立的考评活动进行立项是希望地方政府对此充分重视。要求多元主体协同合作、评价指标体系多样化、奖罚行为分明和责任落实到位是希望地方政府能将绩效考核落到实处，规避官僚主义和形式主义。"③ 张建认为可从以下三点改善："第一，审视政策本身的合法性与合理性，全面纠正农地流转政策与上位法的冲突之处，制定科学合理、切实可行的政策目标，解除政策执行者的矛盾、困惑。第二，制定详细的农地流转政策指导原则或意见，规范基层乡镇政府和村委会的农地流转政策执行程序。第三，改善农地流转绩效评估体系。绩效考核从对农地流转规模指标的过分关注，转向对于工作程序合法性和公众满意度的评价，建立多元化的绩效评估办法，综合反映农地流转政策执行的经

---

① 何沙，曾宇．农地流转中农民权益保障研究 [J]. 宏观经济管理，2016（2）.

② 郑万军．城镇化背景下农民土地权益保障：制度困境与机制创新 [J]. 农村经济，2014（11）.

③ 何阳，孙萍，孙大雄．农村土地承包经营权流转与地方政府绩效考评 [J]. 西北农林科技大学学报（社会科学版），2017（3）.

济和社会效应。”[①] 苗洁认为：“尽快完善现有土地流转政策、加快土地承包经营权确权登记颁证、建立健全农村社会保障体系、加强土地流转监督管理。”[②]

4. 关于农村宅基地与农民权益的研究

（1）关于农村宅基地存在问题的研究。

李长健认为：“政府主导下的宅基地退出似乎对各方都是有益的，但忽略了农民的参与主体地位，农民无法有效参与到宅基地退出政策的制定，出现农民‘集体失语’。另一方面，农民参与宅基地退出实为‘个体参与’，缺乏组织化依托。农民作为分散的个体，缺乏一个有力的利益表达者为他们服务，无法获取有力的话语权。”[③]

庄开明认为：“目前我国农村宅基地退出与补偿的制度缺陷主要表现在：一是宅基地继承与一户一宅的冲突；二是收回闲置宅基地无法可依；三是宅基地取得的无偿性、使用的无限期性以及无留置成本性，造成农户退出宅基地的动力丧失；四是宅基地退出的补偿利益在集体经济组织和宅基地使用人之间存在权属之争；五是农村宅基地退出的补偿标准不统一。”[④] 刘锐认为：“目前的宅基地改革还存在过于强调节约集约使用宅基地，忽视了宅基地服务生产生活的功能的问题。一些试点地方和非试点地方的宅基地改革，出于节约集约使用宅基地，置换建设用地指标的考虑，大力推动农民退出原宅基地，进行城市、集镇或中心村安置，对农民的宅基地服务农民生产生活的功能考虑不够。”[⑤]

（2）关于宅基地制度完善的措施。

宅基地制度的完善应与以《乡村振兴战略意见》对宅基地改革的基本要求为根本遵循。《乡村振兴战略意见》对宅基地制度改革的核心要求是“落实宅基地集体所有权，保障宅基地农户资格权和农民房屋财产权，适度放活宅基地和农民房屋使用权”。

刘守英认为：“宅基地改革的基本的思路是：明确宅基地用益物权的内涵，

① 张建，王敏，诸培新 . 农地流转政策执行偏差与农民土地权益保护——以江苏省某传统农业大县 S 县为例 [J]. 南京农业大学学报（社会科学版），2017（2）.

② 苗洁 . 土地流转过程中农民权益保障的新思维新举措 [J]. 中州学刊，2015（8）.

③ 李长健，胡鹏 . 我国农村宅基地退出困局及机制化弥合——基于农民权益保护的视角[J]. 湖湘论坛,2017(3).

④ 庄开明，黄敏 . 完善农村宅基地退出与补偿机制的思考 [J]. 农村经济，2017（7）.

⑤ 刘锐 . 乡村振兴战略框架下的宅基地制度改革 [J]. 理论与改革，2018（3）.

完善宅基地权利体系；改革宅基地无偿获得和集体成员分配制度；改革村庄规划方式，完善用途管制。”① 闫飞飞认为：“要进一步明晰农村宅基地产权，一是在立法中确定农村土地所有权的法定主体为集体组织成员组成的集体组织成员代表大会，由该组织作为集体土地的专门经营管理机构；二是由土地经营管理机构向承包户发放土地使用权证，赋予其实际上的土地所有权，成为实际上的土地所有者，从而使农地使用权得以稳定；三是允许宅基地使用权自由流转，并明确宅基地使用权的抵押、出租、转让和出让做到与国有土地‘同权’‘同价’。”② 张克俊建议：“修改现行《物权法》等相关法律，在赋予宅基地使用权人占有和使用宅基地权能的同时，赋予宅基地使用权人在出租、抵押、担保、转让等方面的处分权能，进一步完善宅基地使用权的财产权利。对宅基地超标使用或者‘一户多宅’等情况且超出面积部分难以退还的，可实施有偿使用制度，并承认其使用权；新申请宅基地使用权的农民，可综合考虑当地经济发展水平和承受能力等适当收取使用费，循序渐进地推进农村宅基地有偿使用制度，取消福利分配，从而有利于从根本上遏制农民多占和超占宅基地的欲望。”③

胡方芳等提出：“政府在制定和完善宅基地流转相关政策时，应在充分考虑农户家庭特征和农民偏好的情况下，因地制宜地推进农民宅基地流转。对于欠发达地区而言，宅基地流转时机并非成熟，此时盲目地跟风中东部地区开展‘名目繁多’的宅基地流转模式，可能会造成更大的经济社会问题，因此禁止宅基地上市的现行政策仍具有一定的现实意义。对于欠发达地区有闲置、空余宅基地或有稳定的其他居住条件的宅基地使用权人，重点鼓励和支持其自愿有偿流出（退出）宅基地，同时加强对这些宅基地的整理和复垦，实现农村土地的集约利用。尤其是要针对进城打工的农民，建立促进其就业稳定和收入稳定的长效机制，并提供务实的社会保障，实现‘退有所居’‘居有所产’，彻底避免其后顾之忧。”④ 夏克勤认为：“宅基地使用权流转制度改革应当有利于维护农民的生存发展权、有利于发挥土地利用效率、有利于维护社会公平。在价值衡量基础上，提出宅基地流转应当按照‘两步走’步骤稳妥推进；进一步扩大宅基地使用权的基本权能；建

① 刘守英．农村宅基地制度的特殊性与出路 [J]. 国家行政学院学报，2015（3）．

② 孙秋鹏．宅基地流转中的主体行为分析——兼论农民利益保护 [J]. 经济评论，2013（5）．

③ 张克俊，付宗平．基于功能变迁的宅基地制度改革探索 [J]. 社会科学研究，2017（6）．

④ 胡方芳，蒲春玲，陈前利，等．欠发达地区农民宅基地流转意愿影响因素 [J]. 中国人口·资源与环境，2014（4）．

立宅基地的有偿取得和有偿退出制度；完善宅基地使用权的流转方式；建立宅基地流转土地收益公平分配机制。”[①] 庄开明认为：“完善农村宅基地退出与补偿机制，应该以宅基地优化利用与新型城镇化、承包地退出、新农村建设、农村新产业新业态培育和农村新型集体经济发展的深度结合为着力点，畅通农村宅基地批量退出与零散退出的两大渠道，聚焦宅基地退出的补偿范围、补偿标准、补偿资金三个关键环节，重点解决宅基地退出改革的三大保障问题。”[②] 李长健提出：“完善宅基地退出的措施：一是要鼓励农民建立自己的利益组织，不断提高农民的组织管理能力、积累参与公共政策、决策的经验。二是进一步明晰农村宅基地产权，农村宅基地退出程序和宅基地退出相关制度。主要是完善农村宅基地自由流转制度，明确其主体、方式、价格、期限、收益分配。进一步放宽对流转主体地域限制和身份限制，降低流转门槛，并规定宅基地使用权可以出让、租赁、转让以及赠予，降低流转障碍。三是进一步完善农村社会保障体系，解决农民退出宅基地后的后顾之忧。”[③]

5. 关于农村集体建设用地入市改革与农民权益研究

项继权认为：“集体建设用地平等入市会对我国现有的政治、经济体制带来一系列的冲击，但是传统的土地流转模式难以为继，即便面临各种风险，此次改革依旧很有必要，必须推行。对于如何应对改革可能产生的矛盾和风险，他从宏观治理体制的角度思考，提出需要进一步理顺中央和地方的财权、事权关系，重建地方政府的财政来源和基础，改革地方政府机构，明确土地产权归属，制订农地分区保护规划，加快农村集体经济及基层组织体制的改革，以及强化司法保障等一系列制度性措施。”[④]

夏方舟等认为：“农村集体建设用地直接入市流转之后，其暴增经济价值必定吸引大量投机势力涌入。加上农民较低的议价能力、开发企业的趋利性质及各方面对土地的饥渴，一旦政策出现空隙，资本和权力就会相互利用和勾结，使本来有着积极作用的集体建设用地土地流转演变为资本与权力的盛宴，在农村发起

---

① 夏克勤．宅基地流转改革的价值趋向与改革路径 [J]. 江西社会科学，2016（9）．

② 庄开明，黄敏．完善农村宅基地退出与补偿机制的思考 [J]. 农村经济，2017（7）．

③ 李长健，胡鹏．我国农村宅基地退出困局及机制化弥合——基于农民权益保护的视角 [J]. 湖湘论坛，2017（3）．

④ 项继权，储鑫．农村集体建设用地平等入市的多重风险及其对策 [J]. 江西社会科学，2014（2）．

一场新的‘圈地运动’，很可能导致分配关系扭曲，农民失地风险暴增，给农民和国家利益造成巨大损失。此外，如果大量农民受到短期利益驱动大量出售集体建设用地，集体建设用地流转市场极有可能由政府垄断变为市场垄断，少数寡头凭借雄厚的资本得以操控集体建设用地市场供给，而后缺乏资本甚至生存困难的农民，无论愿意与否，主动还是被动，都会慢慢失去集体建设用地使用权，最终侵占大部分土地增值收益。因此，他提出为了防止农民失地、土地投机和兼并风险，集体建设用地直接入市流转必须配有相应的市场监督管理机构。可仿照银监会和证监会，成立土地监督管理委员会，统一规范土地市场秩序，监督土地流转行为，严厉打击囤地、圈地等土地投机行为，将土地兼并控制在一定范畴内。”①

吴兴国认为：“集体建设用地市场化的推进，需健全法律制度，保障市场化有序展开，从根本上维护财产所有者的利益。其一，应该统一立法，修改《土地管理法》等相关法律法规，允许建设用地在符合条件下出租、转让，同时明确使用权流转的具体条件。其二，完善土地税费制度，保障市场化过程中的利益平衡。其三，要出台相关法规及规章，规制土地产权抵押形式，促进农村土地产权的资本化，实现农村产权融资的制度化，破解集体建设用地使用权融资难题。其四，加强相关配套法律制度建设，完善权利救济措施，畅通权利救济渠道。”②

荀小江认为：“中国农村集体建设用地入市制度障碍主要表现为产权障碍，集中体现为所有权归属不清和使用权限制过多。除此之外，区位条件越好的农村集体建设用地，其市场和价值就越有优势，区位条件不好，不仅价值低甚至根本没有市场，入市对其来说没有实际意义。所以，那些城市近郊相比较城市远郊的农村集体建设用地入市收益必然超出很多，东部及沿海经济发达相比较中西部农村集体土地入市成功率必然高出很多，这无疑有拉大不同区位、不同区域农村贫富差距的风险。因此，他认为应尽快修订土地管理法律体系，根据城市化进程和社会经济发展需要，对《土地管理法》《物权法》《担保法》等相关条款进行修订或补充，使之与农村集体建设用地入市相适应，取得制度上的支持。除此之外，让地方政府和村集体共同监管土地收益，共同决定土地增值收益分配方式；地方

① 夏方舟，严金明．农村集体建设用地直接入市流转：作用、风险与建议 [J]. 经济体制改革，2014（3）．
② 吴兴国．集体建设用地市场化配置的制度障碍及其克服 [J]. 行政论坛，2014（3）．

政府可依据税收、行政收费等方式，获得合理合法的土地增值收益。”①

肖顺武提出：“一是土地交易平台是解决农村集体经营性土地入市信息不对称的重要举措。将集体经营性建设用地入市土地交易平台建成一个社会中介组织，然后政府履行法定的监管职责。二是集体经营性建设用地入市的一个前提是这种土地所指向的权利，因此，他认为需要扩张解释《中华人民共和国物权法》第十二章的‘建设用地使用权’，将‘建设用地使用权’作为上位概念，下面包含‘国有土地建设用地使用权’‘集体土地建设用地使用权’。而‘集体土地建设用地使用权’又包括‘集体经营性建设用地使用权’‘村民建设用地使用权（即宅基地使用权）’‘农村公益性建设用地使用权（即乡村公益性设施用地，包括公共设施和公益事业建设用地）’。这样集体经营性建设用地入市就有了较为坚实的制度保障基础，这种权利标识的结果也将使其入市更为顺畅，从而最大限度发挥其财产性价值。三是以土地入股为重要方式，探索集体经营性建设用地入市的新方式，农户土地入股有利于农户利益的最大化。四是划定政府土地利益分配范围，构建土地增量收益用途规范机制。”②

于建嵘认为：“通过推进农村集体经济组织股份制改革，将目前产权主体不明晰的土地集体所有制，明确界定为农民按份共有的新型产权制度，从制度和法律上还权于民，真正赋予集体土地所有者选择自己财产代理人的权利，并明确农民个人对土地所有权的具体份额，以及由此产生的占有、使用、支配和收益权能。集体建设用地入市流转收益在分配的具体比例上应该向农民倾斜，剩余部分才归集体所有。”③

（三）国内文献综述评析

关于农民土地权益的研究，近年来取得了不少有价值的成果。但从目前国内的总体研究状况来看，现有研究成果在以下两个方面比较薄弱，亟待加强。

（1）目前研究成果尚缺乏关于农民土地权益保障政策的深层次量化研究。

研究的效果如何很大程度上有赖于充分的搜集资料和正确的分析方法，掌握大量的、全面的资料是促进研究深入进行的前提，正确的分析方法是提高研究效

① 苟小江．我国农村集体建设用地入市的现实困境与实现路径 [J]. 西藏民族大学学报（哲学社会科学版），2017（7）．

② 肖顺武．从管制到规制：集体经营性建设用地入市的理念转变与制度构造 [J]. 现代法学，2018（3）．

③ 于建嵘．农村集体土地所有权主体辨析［J］．中国法律 ,2009（1）．

率、保证研究结果准确的重要工具。规范性研究方法在今天仍然是我国政治学的主流研究方法，但这种研究方法由于其主要运用定性研究和文献研究而很难对实际问题进行数量方面的表达，容易造成“公说公有理、婆说婆有理”的困境，缺乏科学、精确的研究依据，不利于在具体内容上的深入讨论，影响研究向深度发展。当代公共政策分析的主流方法是量化分析，量化分析方法主要是运用统计学、运筹学、数学以及计量经济学等学科的理论和方法，建立政策分析的数学模型，对我国农民土地权益保障政策系统及政策环境进行系统的量化分析，凸现当前我国农民土地权益保障方面需要解决的问题，发掘深层次的量化规律，进一步改善和优化农民土地权益保障的政策系统，提高农民土地权益保障的政策质量和水平。

（2）目前关于农民土地权益的实证研究尚未系统化。

目前大部分文献利用简单的问卷方法局限于某一小范围内如一个县城或一个村庄内搜集截面数据、进行静态分析，得到的结论较难反映农民土地权益的总体概貌、研究结果较难在全国范围推广，致使研究只处于就事论事的浅显层面。可以说，目前关于农民土地权益的实证研究尚停留在各自言说的孤立境地。

三、主要研究概念的界定与阐析

本书研究的对象是农民土地权益保障政策，那么，农民土地权益保障政策指的是哪些政策？土地权益具体指的是哪些权益？在展开主题研究之前，需要明确并清晰的勾勒研究边界和范围，并对主要研究概念进行确定与阐析。

（一）农民土地权益

“权益属于现代政治和法律概念，主要指法律制度规范的权利和应该享有的利益。”[①] 某种程度上可以这样理解，权益是“权”和“益”的意思组合。“权”指政治范畴的权利，“益”则指经济范畴的利益。

对于农民来说，权益的属性和范围更具有历史性和变动性。“在传统国家的治理下是无所谓农民权益维护的，农民不是作为一个政治公民而存在，更多的是一个自然的生命个体，他们只能享有有限的与生俱来的自然权益。在高度集权的

① 徐勇．现代国家建构中的农民权益维护 [J]. 华中师范大学学报，2008（3）.

计划经济时代，社会成为一个缺失个体性和个人利益的整体性社会，个体性、群体性利益被抽象掉，为真实的个人服务被整体性的‘为人民服务’所悬空。只有在高度承认个人的自主性和独立利益的社会主义市场经济的发展过程中‘维护农民权益’才被提出来。”[①] 进入 21 世纪以来，社会经济的深入发展、政治文明进程的日益推进促使我们正在进入一个权益时代，维护农民权益成为一个广泛关注的社会问题。

当今农村社会正经历巨大的变革，农民权益的内容非常丰富。刘书楷则从产权的角度来理解，“农民的土地权益就是对土地的占有、使用、收益和处分的权利”[②]。栾谨崇、于学花对与土地相关的农民权益进行了重新审视，他们认为：“农民的土地财产权益、社会保障权益、就业权益与土地联系最直接，对农民影响最大。”[③] 毕宝德从土地经济学和土地法学的角度界定土地权益主要包括土地的所有权、地上权、永佃权、地役权、发展权、使用权、抵押权和租赁权。冯桂生从宅基地置换政策的角度出发认为：“农民的土地权益体现为在宅基地置换中对土地的知情权、选择权与参与权，除此之外还应拥有接受合理安置补偿的受益权。”[④] 对于“农民土地权益”这个问题，《中共中央关于推进农村改革发展若干重大问题的决定》也间接做出解答指出，“稳定和完善农村基本经营制度，赋予农民更加充分而有保障的土地承包经营权，现有土地承包关系要保持稳定并长久不变”“健全严格规范的农村土地管理制度，完善土地承包经营权权能，依法保障农民对承包土地的占有、使用、收益等权利……”。党的十九大提出，实施乡村振兴战略，根据《中共中央、国务院关于实施乡村振兴战略的意见》中所提出的“落实农村土地承包关系稳定并长久不变政策，衔接落实好第二轮土地承包到期后再延长 30 年的政策”，“扎实推进房地一体的农村集体建设用地和宅基地使用权确权登记颁证。完善农民闲置宅基地和闲置农房政策，探索宅基地所有权、资格权、使用权‘三权分置’，落实宅基地集体所有权，保障宅基地农户资格权和农民房屋财产权，适度放活宅基地和农民房屋使用权，不得违规违法买卖宅基地，严格实行土地用途管制，严格禁止下乡利用农村宅基地建设别墅大院和私人会

① 徐勇 . 现代国家建构中的农民权益维护 [J]. 华中师范大学学报，2008（3）.

② 刘书楷 . 土地经济学 [M]. 北京：中国农业出版社，1996：204.

③ 栗谨崇，于学花 . 失地农民权益的政府保护机制探析 [J]. 理论探讨，2005（3）.

④ 冯桂生，张桂文 . 宅基地置换中农民权益受损问题及对策研究 [J]. 农业经济问题，2013（12）.

馆”。这也是对农民土地权益保障的进一步延伸和发展。

基于这样的认识，本书拟从农民土地权益包含的具体内容和不同农村土地类型两个纬度的组合对农民土地权益内涵进行界定和阐析。本书运用内容分析法对党的十九大报告中，关乎农村土地的重要指示进行高度提炼，并结合各地方凸显的实际问题来界定本书研究的农村土地类型主要包括：农村土地承包、农村土地流转、农村土地征收、农村宅基地，农村集体建设用地。因此，本书的农民土地权益主要研究三个方面的内容：一是农民的经济权益，主要包括土地财产权益和土地市场主体权益。农民的土地财产权主要是指农民对土地的使用权、经营权、流转权和各种合法的处置权以及由此派生的土地收益权。土地市场主体权益主要表现在土地征收和土地流转等环节中，农民以让渡其承包的土地或土地的某项权能为代价获得与市场主体平等公平的经济报酬。二是农民的政治权益，其主要表现为在四个农村土地类型的管理、决策过程中农民的参与权、决策权、知情权等；三是农民的社会权益，主要有社会保障权、迁徙权、受教育权、劳动就业权等。我国的农村土地基本承担了农民社会权益的保障功能，但在城镇化和现代农业发展所需的土地征收和土地流转的进程中，依附在农村土地上的这些社会权益逐渐失去了基础，必须需要相应的替代品来保障农民社会权益的实现。

（二）农民土地权益保障政策

研究我国农民土地权益保障政策，需要清晰地界定关乎农民土地权益政策的外延和政策的具体形式，这样有利于从外延深入到内涵准确地理解农民土地权益保障政策。

要清晰地界定农民土地权益保障政策的外延和具体形式，必须先弄清楚公共政策的外延和外在形式。学术界从政策形式的角度来理解公共政策的外延主要有以下几种定义。拉斯韦尔和卡普兰认为：“公共政策是一种含有目标、价值与策略的大型计划。”[①] 林金德等指出：“政策是管理部门为了使社会或社会中的一个区域向正确的方向发展而提出的法令、措施、条例、计划、方案、规划或项目。”[②] 张金马认为：“公共政策是党和政府用以规范、引导有关机构、团体和个人行动的准则或指南。其表达形式有法律规章、行政命令、政府首脑的书面或口

① LASSWELL H D，KAPLAN A. Power and Society[M]. New Haven：Yale University Press，1970：71.

② 林金德，等. 政策研究方法论 [M]. 延边：延边大学出版社，1989：3.

头声明和指示以及行动计划与策略等。”[①] 从以上定义可知，公共政策的外在形式主要表现为法令、措施、条例、计划、方案、规划、项目或者方法，它们是公共政策内涵的载体。

基于以上的认识，本书的农民土地权益保障政策主要表现为四种政策形态：一是与农民权益相关的土地制度；二是与农民土地权益相关的法律和条例；三是与农民土地权益相关的党中央和国务院“红头文件”（包括规定、办法、通知和意见等）；四是地方出台的实施办法和创新性政策等规范性文件。这些构成了保障我国农民土地权益政策的完整体系。本书的研究将以这四种形态的公共政策为主。

（三）公共政策分析

经过半个多世纪的发展，公共政策分析的内容框架已初步形成，理论界对此也形成共识，公共政策主要包括公共政策问题的形成与认定，公共政策的制定，公共政策执行，公共政策的评估与监控，公共政策的变动、终结与周期五个阶段。基于以上的认识和理解，本书试图从公共政策问题的构建、政策制定、政策执行这三个阶段来分析农民土地权益保障政策，运用量化分析方法对其进行评估以期提炼农民土地权益保障政策的内在规律。从政策问题的构建、政策制定、政策执行等角度完善政策系统，提高农民土地权益保障政策的质量和水平。为了更好地进行研究，需要界定以下几个概念。

（1）政策议程。

安德森认为：“那些被决策者选中或决策者感到必须对之采取行动的要求构成了政策日程。”[②] 宁骚教授则认为：“政策议程通常是有关公共问题受到政府及公共组织的高度重视并被正式纳入其政策讨论和被确定为应予以解决的政策问题的过程。”[③] 从以上定义可知，政策议程强调问题得到决策主体的高度关注，有必要甚至必须由公共权力机构来解决。

（2）公共政策制定。

公共政策制定是公共政策诸环节中最核心的阶段，因为它的目标定位、体

---

① 张金马．政策科学导论 [M]. 北京：中国人民大学出版社，1993：17.

② 安德森．公共决策 [M]. 唐亮，译．北京：华夏出版社，1990：69.

③ 宁骚．公共政策学 [M]. 北京：高等教育出版社，2010：315.

系程序和方法技术直接关系到公共政策产出的质量和水平。“公共政策制定是公共组织特别是政府针对有关的重要政策问题，依照一定的程序和原则确定政策目标，拟定、评估和选择有关政策方案并最终择定的过程。”①

（3）公共政策执行。

公共政策经合法化过程确定并公布之后，开始进入执行阶段。公共政策执行是政策过程的实践环节，是将公共政策目标转化为政策现实的唯一途径。宁骚教授认为：“公共政策执行就是政策执行主体为了实现公共政策目标，通过各种措施和手段作用于公共政策对象，使公共政策内容变为现实的行动过程。公共政策执行的本质是遵循政策指令所进行的变革，是将一种政策付诸实施的所有行动的总和。”② 这一定义比较适合本书的研究。

四、研究方法与思路

（一）研究方法

本书主要采用定性研究与定量研究相结合的方法展开论述。

量化分析方法。借助于一定的方法和程序以尽可能充分的使科学的品格在研究结果中得到实现和体现的是公共政策研究的根本诉求。作为一种研究范式和研究技术，量化分析方法在当今政策研究中占有举足轻重的地位。基于这样的认识，本书将针对我国目前量化分析不足的现状，采用以量化分析法为主的研究范式，强调用数字、系数以及各种数学模型表现农民土地权益保障过程中的各种量化规律，使研究结果更加精细化，更加具有科学性和有效性。

文献研究法。对已有的文献资料进行检索与分析是科学研究的基础，该研究方法主要是回答“做了什么”及“还需做什么”的问题。本书通过对前人研究成果的梳理，厘清我国农村土地政策的变迁历程，摸清我国农民土地权益保障状况以及当前文献的研究视角和分析路径，为本书研究的展开提供基础。本书的文献研究主要采用内容分析法、二次文献分析法和既有文献分析法这三种类型。运用内容分析法对与农村土地政策过程有关的文献内容进行客观、系统和定量的描

① 宁骚 . 公共政策学 [M]. 北京：高等教育出版社，2010：326.
② 宁骚 . 公共政策学 [M]. 北京：高等教育出版社，2010：366.

述，把现存的文字资料转换为数据资料，然后利用统计方法分析、提炼政策中农民权益保障状况的内在规律。运用二次分析法对前人所搜集的关于农村土地问题或关于农民权益问题的原始数据资料进行再剖析和再发掘，凸显问题，挖掘深层次规律。运用既有文献分析法即利用政府部门公布的关于"三农"问题尤其是涉及农民土地权益问题的较为权威的统计资料去获取政策信息，发现政策规律。

历史分析方法。研究一项公共政策，既要充分理解该政策产生、实施的历史条件，又要将现行政策与以往政策进行历史的比较，从中找出一些经验性的东西，为更好地贯彻执行现行政策服务。基于此，本书采用历史分析法对农村土地政策进行细致的纵向分析，厘清我国关乎农民土地权益保障的政策的源起及变迁过程。历史分析法有助于研究农村土地政策的历史过程，探求农民土地权益问题的背景、判断农民土地权益问题的发展脉络和规律。

案例分析方法。案例分析在公共政策研究中得到广泛的应用。研究案例"可以被用于阐释如何做出适当的、典型的或者值得效仿的政策"[①]。本书也重视案例分析。单个的案例分析可能不会导出规律性的结果，但多个案例分析就有可能得到具有科学性的研究结果。本书将对多个典型的实际案例进行诊断、探明原因、归纳特点，揭示政策在问题构建方面、在制定方面以及在执行过程中的突出问题，总结经验、吸取教训以应用于农民权益保障政策的制定和执行。

（二）研究内容

本书是在党的十八大报告提出，深化农村改革和党的十九大提出的完善承包地"三权分置"制度保障农民土地权益的政治背景下，针对当前凸显的农村土地问题，对农民土地权益相关政策进行政策分析。首先站在历史的角度对农村土地政策变迁进行详细的梳理，准确地理解和认识当前农村土地制度和政策选择的历史渊源，继而揭示蕴藏于其中的内在规律。在借鉴典型国家政策和实践经验的基础上，从政策问题的构建、政策制定和政策执行等多方位优化现行农民土地权益保障政策，以期最大限度地保障我国农民土地权益。

---

① 列恩．公共管理案例教学指南 [M]. 欧少建，译．北京：中国人民大学出版社，2001：12.

五、本书的创新点与不足

（一）本书的创新点

第一，方法创新。突破了我国农民土地权益保障政策的研究停留在以规范研究为主的层面上，本书尝试探索利用量化分析方法解决实际问题。在农民土地权益保障研究的诸多文献中，运用量化分析方法从公共政策评估角度来研究我国农民土地权益保障政策具有一定的探索意义。为农民土地权益保障政策的制定和执行提供理论参考。

第二，内容创新。本书的研究对象是我国农民土地权益保障政策，主要从政策问题构建、政策制定和政策执行这三个方面优化我国农民土地权益保障政策系统。

（二）本书的不足

第一，由于理论水平有限且受自身局限性影响，笔者对基础理论研究还不够深入和透彻，因此如何运用已有的理论知识对农民土地权益保障政策问题进行深入阐析，并提炼出深层次的内在规律，存在一定的难度。

第二，本书在具体研究中运用的量化分析方法不够丰富。目前，量化分析方法的种类五花八门，层出不穷。相对而言，本书所采用的量化分析方法不够丰富，如果条件允许的话，笔者日后将引用多种量化分析方法，如结构方程模型、计量经济学分析法等对该研究继续深入和扩展，以弥补研究中关于量化分析方法不足的问题。

第二章

农村土地政策演进中农民权益分析

一、农村土地政策的演进

道格拉斯·诺思（Douglass C. North）指出："人们过去做出的选择决定了他们现在可能的选择。"我国农村土地政策历经了一个十分复杂的变迁过程，对农村土地政策变迁进程的梳理有助于我们站在历史的角度准确地理解和认识当前农村土地政策选择的历史渊源，进而揭示蕴藏于其中的变迁规律。为此，本书着力还原各个不同发展阶段具有代表性的中央决议、法律文件等，从政策法规视角来审视我国农村土地政策变迁的历史过程。

（一）土地改革时期

土地改革时期，我国实行土地农民所有制，农民均分化拥有土地。1947 年《中国土地法大纲》明确提出："废除封建性及半封建性剥削的土地制度，实行耕者有其田的土地制度""所有权归农户所有"确立了土地农民所有制；"乡村中一切地主的土地及公地，连同乡村中其他一切土地，按乡村全部人口，不分男女老幼，统一平均分配，使全乡村人民均获得同等的土地"确立了均分化的土地分配形式；"分配给人民的土地，由政府发给土地所有证，并承认其自由经营、买卖及在特定条件下出租的权利"承认农民土地流转的合法性。继 1950 年《中华人民共和国土地改革法》进一步从法律层面对土地制度进行规范和细化，保障了农民对土地的相关权利。例如，第三十条规定："土地改革完成后，由人民政府发给土地所有证，并承认一切土地所有者自由经营、买卖及出租其土地的权利。"《中国土地法大纲》和《中华人民共和国土地改革法》是本阶段的标志性法规，通过这两部法规广大无地农民拥有了土地，真正成为土地的"主人"。作为纲领性文件的《中国土地法大纲》成功地指导了农村土地改革并取得了显著的成效，对当时生产力的发展起到了较大的促进作用。土地政策作为国家政策的一部分必然要服从国家的政治和经济体制，这是由不同的社会制度条件下不同的社会矛盾所决定的。作为一部较早的土地政策出台，《中国土地法大纲》符合当时的历史任务和社会矛盾，顺应了民意，凸显出较大的政策绩效。其中"均分化土地"的政策理念一直延续至今。政策的外部环境要求有不同的土地关系以适应于社会经济的发展。随着我国生产力的发展和政策环境的变化，我国需要出台相应的土地政策。《中国土地法大纲》奠定了我国日后土地制度变迁的基调（见表 2-1）。

表 2-1　土地改革时期的部分土地政策

时间	发文机构及政策名称	主要内容、目的及突破
1947 年 9 月	中国共产党全国土地大会上通过的《中国土地法大纲》（以下简称《大纲》）	它是指导农村土地改革的纲领性文件，奠定了日后土地制度变迁的基调。《大纲》提出：废除封建性及半封建性剥削的土地制度，实行耕者有其田的土地制度；实现按人口均分的土地分配形式；确立了乡、村作为土地分配的基层单元；确立了土地的农民所有制
1950 年 6 月	中央人民政府通过的《中华人民共和国土地改革法》	力图通过土地改革，废除民国时期的封建地主土地私有制，建立农民土地私有制。并进一步从法律层面对土地制度进行规范和细化，并保障了农民所有制的相关权力。农民不仅获得了土地，而且对所拥有的土地"有权自由经营、买卖和出租"，真正赋予了农民对于土地流转的权利
1951 年 12 月	中共中央颁发的《关于农业生产互助合作的决议（草案）》	一方面，维持了土地的农民所有制，另一方面，要求坚持自愿互利原则。第四条规定："用土地入股同样是根据自愿和互利的原则，并可以根据自愿的原则退股。"第六条规定："在处理互助组和生产合作社内部所存在的任何问题上，有一条原则是必须绝对遵守的，就是贯彻自愿和互利的原则。"

（二）土地集体化时期

从 1955 年开始，农村土地政策发生了根本逆转。随着土地改革的完成和国民经济的恢复，私人所有、小农经营方式的局限和生产技术的落后与迅速工业化战略及农业生产资料的社会主义改造的要求格格不入，加上土地改革后期因土地买卖出现了严重的两极分化现象。基于此，中央决定重新调整土地政策。1956 年全国人民代表大会通过的《高级农业生产合作社示范章程》指出，要改变土地关系，由土地的农民所有制向集体所有制转变，要完成土地及其他主要生产资料的集体所有制转变。相关规定如"农业生产合作社按照社会主义的原则，把社员私有的主要生产资料转为合作社集体所有""组织集体劳动，实行各尽所能，同工同酬"。通过农业生产合作社运动，土地实行集体共有，在此基础统一经营、共同劳动、统一分配。农业生产合作社的章程推动了土地向集体化方向改革，这一政策方向为现今的土地集体所有奠定了基础。

1958 年，中共中央通过的《关于在农村建立人民公社问题的决议》指出，农村土地从集体所有制向全民所有制转变，推行“政社合一”的管理体制。人民公社制度推行农村生产资料完全公有化、农村经济活动高度集中统一化、农民收入分配的极大平均化。在这种经济关系形态下，农民群众的生产积极性明显下降。于是 1962 年中共中央通过的《农村人民公社工作条例（修正草案）》，对人民公社体制进行了适度纠正和调整，明确“人民公社的基本核算单位是生产队。根据各地方不同的情况，人民公社的组织可以是两级即公社和生产队，也可以是三级即公社、大队和生产队”，这些政策内容以法律的形式对农业生产合作社集体经济和“三级所有，队为基础”的人民公社体制加以确定，由此强化和奠定了生产队作为土地“集体所有制”所有人的政策基础。这一规定奠定了日后我国农村土地所有制的基础，也是追溯当前土地权属的重要历史文件依据。这一时期的政策，“包产到户的农业生产责任制”对于农业发展和农村土地制度本身的完善是一个有益的尝试，也是一种比较好的制度形式。这种责任制形式对于当时我国农业经济发展，对于实行“三级所有，队为基础”的农村土地制度体系的完善以及自 1978 年以后的土地家庭联产承包责任制大变革的推动，提供了有益的启示和经验（见表 2-2）。

表 2-2　土地集体化时期的部分土地政策

时间	发文机构及政策名称	主要内容、目的及突破
1956 年	全国人民代表大会通过的《高级农业生产合作社示范章程》	合作化运动完成由土地的农民所有制向集体所有制的转变。一方面，完成了土地及其他主要生产资料的集体所有制转变。如第二条规定，“农业生产合作社按照社会主义的原则，把社员私有的主要生产资料转为合作社集体所有”。另一方面，要求集体劳动，同工同酬。如第十二条规定，“组织集体劳动，实行各尽所能，按劳取酬，不分男女老少，同工同酬”
1958 年 8 月	中共中央通过的《关于在农村建立人民公社问题的决议》（以下简称《决议》）	《决议》指明了从集体所有制向全民所有制过渡的美好愿景。如第五条指出“人民公社的集体所有制中，就已经包含有若干全民所有制的成分了。这种全民所有制，将在不断发展中继续增长，逐步地代替集体所有制，由集体所有制向全民所有制过渡，是一个过程”。同时，推行“政社合一”的管理体制
1962 年 2 月	《中共中央关于改变农村人民公社基本核算单位问题的指示》	提出“把基本核算单位下放，生产队既有生产管理权，又有分配决定权；人民公社的组织，可以是两级，即公社和生产队，也可以是三级，即公社、大队和生产队”。“生产队范围内的土地，都归生产队所有”，由此强化和奠定了生产队作为土地“集体所有制”所有人的政策基础。这一规定奠定了日后我国农村土地所有制的基础，也是追溯当前土地权属的重要历史文件依据

（三）家庭联产承包责任制初期

1. 土地集体所有家庭经营

1978 年，中共中央通过的《加快农业发展若干问题的决定（草案)》肯定了包工到组、联产计酬的管理方式，指出“继续实行三级所有、队为基础制度”。这一政策实际上是肯定了“包工到作业组，联系产量计算劳动报酬”的责任制，虽仍坚持土地公社集体所有制，但对公社土地集体统一经营制度是一大突破。1979 年党的十一届四中全会通过的《关于加快农业发展若干问题的决定》指出“三级所有、队为基础的制度适合于我国目前农业生产力的发展水平，决不允许任意改变”。同时“允许某些副业、山区单门独户搞‘包产到户’”，这在政策上放宽了一步，为进一步推行多种经营方式埋下了伏笔。

1980 年，中共中央下发的《关于进一步加强和完善农业生产责任制的几个问题》强调了集体经济是我国农村经济的基础，并充分肯定了专业承包联产计酬责任制，并对包产到户的做法作了基本的肯定。此后，“双包”作为农业生产责任制的主要形式被概括成为“家庭联产承包责任制”并固定下来。1982 年中共中央发布的《全国农村工作会议纪要》突破了传统“三级所有，队为基础”的体制框框，指出“目前实行的各种责任制，不论采取什么形式，只要群众不要求改变，就不要变动”。1983 年中共中央发布的《当前农村经济政策的若干问题》正式确立了家庭联产承包责任制，从而确立了土地家庭承包经营的基本框架。

1991 年，党的十三届八中全会发布的《关于进一步加强农业和农村工作的决定》第一次明确规定，“把以家庭联产承包制为主的责任制、统分结合的双层经营体制，作为我国乡村集体经济组织的一项长期基本制度稳定下来，并不断加以完善”。1993 年,《中华人民共和国宪法修正案》首次将家庭承包经营明确写入《中华人民共和国宪法》。1999 年,《中华人民共和国宪法修正案》第十五条规定 :“农村集体经济组织实行家庭承包经营为基础、统分结合的双层经营体制……。”这些政策内容以法律的形式使得农村土地承包经营法律制度在宪法层面得到了确认。

我国在确立家庭承包制的过程中采取了一种渐进式方略。先是规定在集体内部进行分业、联产计酬，然后实行“双包”责任制，最后是联系最终利益分配的家庭经营。这样就使各项具体政策在执行中避免了以往历次土地改革中因急于求成而引发的各种矛盾和震荡，达到了土地关系的逐步完善和协调化，使得土地政策在实施过程中得到不断的调整和优化，充分发挥政策绩效。

2. 土地承包期延长

1984 年，中共中央发布的《关于一九八四年农村工作的通知》指出，“土地承包期一般应在十五年以上，生产周期长和开发性的项目承包期应当更长一些”。这是首次以中央一号文件的形式规定了农村土地承包期限。1987 年，中共中央发布的《把农村改革引向深入》在此强调：“要进一步稳定土地承包关系，只要承包户按合同经营，在规定的承包期内不要变动，合同期满后，农户仍可以连续承包。已经形成一定规模、实现了集约经营的，可以根据承包者的要求，签订更长期的承包合同。”1993 年，中央公布的《关于当前农业和农村经济发展的若干政策措施》规定：“在原定的耕地承包期到期之后，再延长 30 年不变”“提倡在承包期内实行‘增人不增地，减人不减地’”。1997 年，中共中央、国务院联合下发的《关于进一步稳定和完善农村土地承包关系的通知》强调指出，“土地承包关系‘大稳定、小调整’”，且“小调整限于人地矛盾突出的个别农户”。1998 年修订的《中华人民共和国土地管理法》将“土地承包经营期限为 30 年”的土地政策写入法律。

3. 土地流转逐渐放松

以家庭联产承包经营为基础、统分结合的双层经营体制确立后，诸多法律政策不断肯定“农户在承包期内可依法、自愿、有偿流转土地承包经营权”。1982 年，《中华人民共和国宪法》规定任何组织或者个人不得侵占、买卖、出租或者以其他形式非法转让土地。由此可见，这一时期土地流转被明文禁止。而 1984 年，中央一号文件规定：“要鼓励耕地向种田能手集中，对于转出承包权的农户要给予适当的资金补贴。”这个时期中央已经开始慢慢地对土地流转进行解禁。1986 年，《中华人民共和国土地管理法》规定：“任何单位和个人不得侵占、买卖、出租或者以其他形式非法转让土地，国家建设征用土地，被征地单位应服从国家需要，不得阻挠。”这一方面在法律层面上明确了土地交易的合法地位，为农民农地交易权的获得奠定了法律基础，另一方面又将农地交易权限定于农业用途。1988 年第七届全国人大常委会对 1982 年的《中华人民共和国宪法修正案》规定，“任何组织或者个人不得侵占、买卖或者以其他形式非法转让土地”改为“土地的使用权可以依照法律的规定转让”。这一宪法修正，为土地流转从理论走进实践奠定了法律依据。

1993 年，《建立社会主义市场经济体制若干问题的决定》指出："在坚持土地集体所有制的前提下，允许土地使用权依法有偿转让。”允许土地依法有偿转让，实际上为土地流转市场营造了前提，为土地在更大范围实现劳动、技术、资本资源的优化配置提供了契机。这些政策无疑为提高农业生产率，促进农地流转，推动农村转为城镇化打下了良好基础。1995 年，《关于稳定和完善土地承包关系意见的通知》规定："经发包方同意，允许承包方在承包期内，对承包标的依法转包，转让、互换、入股，其合法权益受法律保护，但严禁擅自将耕地转为非耕地。在第二产业、第三产业比较发达的地方，在充分尊重农民意愿的基础上，可以采取多种形式，适时加以引导，发展农业适度规模经营。”我国在土地政策制定和执行中采取了差别化的方略，允许和鼓励各地因地制宜，在家庭承包制的基本制度框架下，在土地使用权上衍生出不同的制度创新，既达到土地资源的优化配置，又有利于保障农民权益。

1998 年，修订的《中华人民共和国土地管理法》，有条件地开放农地非农化交易权，土地使用权可以依法转让。1998 年，《中共中央关于农业和农村工作若干重大问题的决定》，规定土地使用权流转要依法进行，坚持自愿有偿的原则不得以任何理由强制农户转让。1999 年，第二次修订实施的《中华人民共和国土地管理法》，允许农村土地使用权的自由转让（见表 2-3）。

表 2-3　家庭联产承包责任制初期的部分土地政策

时间	发文机构及政策名称	主要内容、目的及突破
1978 年 12 月	十一届三中全会通过的《关于加快农业发展若干问题的决定（草案）》	规定不许包产到户，但肯定了包工到组、联产计酬的管理方式。不允许无偿调用和占用生产队的劳力、土地、牲畜、机械、资金；社员自留地是社会主义经济必要补充部分；继续实行三级所有、队为基础制度
1979 年 9 月	十一届四中全会通过的《关于加快农业发展若干问题的决定》	指出“三级所有、队为基础的制度适合于我国目前农业生产力的发展水平，决不允许任意改变”。尽管不允许包产到户和分田单干，但允许山区单门独户搞“包产到户”
1980 年	中共中央下发的《关于进一步加强和完善农业生产责任制的几个问题》	强调了集体经济是我国农村经济的基础，并充分肯定了专业承包联产计酬责任制，并对包产到户的做法作了基本的肯定。提出包产到户应当区别不同地区、不同社队，采取不同方针，在边远山区和贫困落后地区，群众对集体经济丧失信心，要求包产到户的，可以应群众要求包产到户，也可以包干到户

续表

时间	发文机构及政策名称	主要内容、目的及突破
1982年1月	中共中央发布的《全国农村工作会议纪要》(以下简称《纪要》)	《纪要》突破了传统“三级所有，队为基础”的体制框框，指出“目前实行的各种责任制，包括小段包工定额计酬，专业承包联产计酬，联产到劳，包产到户、到组，包干到户、到组，等等，都是社会主义集体经济的生产责任制。不论采取什么形式，只要群众不要求改变，就不要变动”
1982年	《中华人民共和国宪法》(以下简称《宪法》)	《宪法》规定，任何组织或者个人不得侵占、买卖、出租或以其他形式非法转让土地
1983年1月	中共中央发布的《当前农村经济政策的若干问题》	正式确立了家庭联产承包责任制。一方面，充分肯定家庭联产承包责任制是长期发展方向。“联产承包制使集体优越性和个人积极性同时得到发挥”。“稳定和完善农业生产责任制，仍然是当前农村工作的主要任务”。另一方面，预示着人民公社体制的正式解体。第五条指出：“人民公社的体制，要从两方面进行改革。这就是实行联产承包制和实行政社分设。”
1984年1月	中共中央发布的《关于一九八四年农村工作的通知》	指出“继续稳定和完善联产承包责任制”，“土地承包期一般应在十五年以上，生产周期长和开发性的项目承包期应当更长一些”
1986年6月	全国人大常委会通过的《中华人民共和国土地管理法》(以下简称《土地管理法》)	这是新中国第一部土地管理法。《土地管理法》以立法形式对土地所有权和承包经营权进行立法保护。第六条规定：“农村和城市郊区的土地，除法律规定属于国家所有的以外，属于集体所有；宅基地和自留地、自留山，属于集体所有。” 《土地管理法》规定，任何单位和个人不得侵占、买卖、出租或者以其他形式非法转让土地，国家建设征用土地，被征地单位应服从国家需要，不得阻挠。这一方面在法律层面上明确了土地交易的合法地位，另一方面又将农地交易权限定于农业用途
1986年4月	《中华人民共和国民法通则》	从司法角度对土地使用权进行了规范。第八十条规定“公民、集体依法对集体所有的或者国家所有由集体使用的土地的承包经营权，受法律保护”
1991年	中共十三届八中全会发布的《关于进一步加强农业和农村工作的决定》(以下简称《决定》)	《决定》第一次明确规定：“把以家庭联产承包制为主的责任制、统分结合的双层经营体制，作为我国乡村集体经济组织的一项长期基本制度稳定下来，并不断加以完善。”
1993年	中共中央、国务院在《关于当前农业和农村经济发展的若干政策措施》 《宪法》	规定：在原定的耕地承包期到期之后，再延长30年不变。为避免承包地的频繁变动，防止耕地规模不断被细化，提倡在承包期内实行“增人不增地，减人不减地”的办法 在坚持土地集体所有和不改变土地用途的前提下，经发包方同意，容许土地的使用权依法有偿转让。 《中华人民共和国宪法修正案》首次将家庭承包经营明确写入《中华人民共和国宪法》
1997年8月	中共中央、国务院两办联合下发了《关于进一步稳定和完善农村土地承包关系的通知》	强调指出：“开展延长土地承包期工作，要使绝大多数农户原有的承包土地继续保持稳定。不能将原来的承包地打乱重新发包，更不能随意打破原生产队土地所有权的界限，在全村范围内平均承包。”同时规定，土地承包关系“大稳定、小调整”，且“小调整限于人地矛盾突出的个别农户”。 为进一步稳定和完善土地承包政策，该通知对土地使用权的流转制度做出了具体规定

续表

时间	发文机构及政策名称	主要内容、目的及突破
1998 年	修订的《中华人民共和国土地管理法》	将“土地承包经营期限为 30 年”的土地政策写入法律。将土地农用交易权上升到法律的高度给予保护，同时有条件地开放农地非农化交易权。 农民集体所有的土地的使用权不得出让、转让或者出租用于非农化建设，但是，符合土地利用总体规划并依法取得建设用地的企业，因破产、兼并等情形致使土地使用权依法发生转移的除外
1999 年	《中华人民共和国宪法修正案》	宪法修正案第十五条规定：“农村集体经济组织实行家庭承包经营为基础、统分结合的双层经营体制……。”这意味着农村土地承包经营法律制度在宪法层面得到了确认

（四）家庭联产承包责任制完善时期

1. 家庭承包经营权逐渐物权化

2002 年，《中华人民共和国农村土地承包法》开宗明义地在总则第一条就阐明：“为稳定和完善以家庭承包经营为基础、统分结合的双层经营体制，赋予农民长期而有保障的土地使用权，维护农村土地承包当事人合法权益，促进农业、农村经济发展和农村社会稳定，根据宪法，制定本法。”它隐含三层意思，第一，我国农村实行以家庭承包经营为基础、统分结合的双层经营体制是宪法的规定；第二，要促进我国农业、农村经济发展和农村社会稳定就必须坚持和完善以家庭承包经营为基础、统分结合的双层经营体制；第三，指出了要稳定和完善以家庭承包经营为基础、统分结合的双层经营体制就必须赋予农民长期而有保障的土地使用权，维护农村土地承包当事人合法权益。同时，该法进一步强化了土地承包经营权的长期稳定，可以说开启了一个以土地利用为中心的用益物权制度的新阶段。2007 年，出台了《中华人民共和国物权法》（以下简称《物权法》），该法真正确立了家庭承包经营权的物权化。《物权法》第三编“用益物权”，第十一章专章对土地承包经营权进行了规定。2008 年，党的十七届三中全会发布的《关于推进农村改革发展若干重大问题的决定》首次提出，“现有土地承包关系要保持稳定并长久不变”，强调了赋予农民更加充分而有保障的土地承包经营权。

2. 农民在土地流转、土地征用和宅基地方面的权益凸显

2002 年，《中华人民共和国农业法》第九章将“农民权益保护”单独成章进行相关规定。这在某种程度上说明“农民权益”备受关注。其中，第七十一条“国

家依法征用农民集体所有的土地，应当保护农民和农村集体经济组织的合法权益”、第七十二条“不得侵犯农民土地承包经营权的规定”、第七十八条“侵犯农民权益的处理方式可依法申请行政复议或者向人民法院提起诉讼”。2004 年，《国务院关于深化改革严格土地管理的决定》提出“完善征地补偿和安置制度”，在征地补偿方面提出了确保被征地农民生活水平不降低的精神；在就业安置上提出要体现保障被征地农民长远生计的思想；在征地程序上，强调农民的知情权，引入听证制度，提出建立和完善征地补偿安置争议的协调和裁决机制，维护被征地农民的合法权益。在征地补偿分配上，提出了土地补偿费主要用于被征地农户的原则，这些举措在很大程度上保护了土地征用中农民的合法利益。2005 年，《农村土地承包经营权流转管理办法》明确规定“农村土地承包经营权流转不得改变承包土地的农业用途，流转期限不得超过承包期的剩余期限，不得损害关系人和农村集体经济组织的合法权益”。2007 年，《物权法》在第一百五十二条、第一百五十四条等专门规定了农村宅基地使用权，农民宅基地使用权的流转可以在集体经济组织内部流转。2008 年，党的十七届三中全会发布的《关于推进农村改革发展若干重大问题的决定》提出“切实保障农民权益”是推进农村改革的重大原则，并指出“土地承包经营权流转，不得改变土地集体所有性质，不得改变土地用途，不得损害农民土地承包权益；完善农村宅基地制度，依法保障农户宅基地用益物权；允许农民依法通过多种方式参与开发经营并保障农民合法权益。2010 年和 2012 年，中央一号文件和党的十八大报告在不同程度上均对土地承包、土地流转以及土地征用政策作进一步的完善（见表 2-4）。

表 2-4　家庭联产承包责任制完善时期的部分土地政策

时间	发文机构及政策名称	主要内容、目的及突破
2001 年 12 月	《中共中央关于做好农户承包地使用权流转工作的通知》（以下简称《通知》）	《通知》是为了纠正一些地方推行的土地流转中存在不少违背农民意愿、损害农民利益的问题。提出：农户承包地使用权流转要在长期稳定家庭承包经营制度的前提下进行；农户承包土地使用权流转必须坚持依法、自愿、有偿的原则
2002 年 8 月	《中华人民共和国农村土地承包法》（以下简称《土地承包法》）	进一步强化了土地承包经营权的长期稳定，可以说开启了一个以土地利用为中心的用益物权制度的新阶段。《土地承包法》第二十六条明确规定：“承包期内，发包方不得收回承包地”。第二十七条规定“承包期内，发包方不得调整承包地。”第三十一条明确规定：“承包人应得的承包收益，依照继承法的规定继承。” 确定了农村家庭承包基本经营制度，赋予了农民长期而有保障的土地使用权，并对土地流转的形式、基本原则作了明确的规定，为规范土地流程提供了法律准则，成为中国土地制度的重要创新

续表

时间	发文机构及政策名称	主要内容、目的及突破
2002年12月	《中华人民共和国农业法》（以下简称《农业法》）	《农业法》中“农民权益保护”单独成章第九章。第七十一条“国家依法征用农民集体所有的土地，应当保护农民和农村集体经济组织的合法权益”、第七十二条“不得侵犯农民土地承包经营权的规定”、第七十八条“侵犯农民权益的处理方式可依法申请行政复议或者想人民法院提起诉讼”
2004年	《国务院关于深化改革严格土地管理的决定》	提出“完善征地补偿和安置制度”：完善征地补偿办法、妥善安置被征地农民、健全征地程序、加强对征地过程实施过程的监管。这些举措很大程度上保护征地中农民的合法利益
2005年3月1日	《农村土地承包经营权流转管理办法》	明确规定：“农村土地承包经营权流转不得改变承包土地的农业用途，流转期限不得超过承包期的剩余期限，不得损害关系人和农村集体经济组织的合法权益。”同时，对流转当事人、流转方式、流转合同和流转管理等方面做出了较为详细相应的规定。与此同时，地方政府的土地流转制度变迁进程加快，农村土地使用权流转进入了市场化的阶段
2006年9月	《国务院关于加强土地调控有关问题的通知》	提出：被征地农民的社会保障费用，按有关规定纳入征地补偿安置费用，不足部分由当地政府从国有土地有偿使用收入中解决，社会保障费用不落实的不得批准征地，土地出让中价款必须首先足额支付土地补偿费、安置费、地上附着物和青苗补偿费、拆迁补偿费以及补助被征地农民社会保障所需资金的不足
2007年3月	《中华人民共和国物权法》	真正确立了家庭承包经营权的物权化。《物权法》第三编“用益物权”。第十一章专章对土地承包经营权进行了规定，第一百二十五条规定：“土地承包经营权人依法对其承包经营的耕地、林地、草地等享有占有、使用和收益的权利，有权从事种植业、林业、畜牧业等农业生产。” 《物权法》在第一百五十二条、第一百五十四条等专门规定了农村宅基地使用权，但对农民宅基地使用权的流转限制较为严格：农民宅基地限制流转到城市居民手中，只能在集体经济组织内部流转。 《物权法》第二十四条规定，征收集体所有的土地，应当依法足额支付土地补偿费、安置费、地上附着物和青苗补偿费、拆迁补偿费等，安排被征地农民的社会保障费用，保障被征地农民的生活，维护被征地农民的合法权益
2008年10月	党的十七届三中全会发布的《关于推进农村改革发展若干重大问题的决定》	提出“必须切实保障农民权益”是推进农村改革的重大原则。①强调赋予农民更加充分而有保障的土地承包经营权，首次提出“现有土地承包关系要保持稳定并长久不变”。②土地承包经营权流转，不得改变土地集体所有性质，不得改变土地用途，不得损害农民土地承包权益。③完善农村宅基地制度，严格宅基地管理，依法保障农户宅基地用益物权。④经批准占用农村集体土地建设非公益性项目，允许农民依法通过多种方式参与开发经营并保障农民合法权益
2009年8月	《中华人民共和国农村土地承包法》部分修正	规定“耕地的承包期为30年”“土地承包经营权流转遵循平等协商、自愿、有偿原则，任何组织和个人不得强迫或者阻碍承包方进行流转，流转的收益归承包方所有，任何组织和个人不得擅自截留和扣缴”
2009年6月	十一届全国人大常委会第九次会议通过的《农村土地承包经营纠纷调解仲裁法》	标志着农村土地承包法律体系的进一步健全，它明确了调解和仲裁是解决农村土地承包纠纷的法律渠道，有利于公正、及时地调处农村土地承包经营纠纷，维护农民的合法权益

续表

时间	发文机构及政策名称	主要内容、目的及突破
2011年2月	《农业部关于开展农村土地承包经营权登记试点工作的意见》	开展土地承包经营权登记试点为解决农村土地纠纷、维护农民土地承包合法权益提供强有力的依据
2010年	中央一号文件《关于加大统筹城乡发展力度进一步夯实农业农村发展基础的若干意见》	①稳定和完善农村基本经营制度。完善农村土地承包法律法规和政策，加快制定具体办法，确保农村现有土地承包关系保持稳定并长久不变。②加强土地承包经营权流转管理和服务，健全流转市场，在依法自愿有偿流转的基础上发展多种形式的适度规模经营。③严格执行农村土地承包经营纠纷调解仲裁法，加快构建农村土地承包经营纠纷调解仲裁体系
2010年	《国土资源部关于进一步完善农村宅基地管理制度切实维护农民权益的通知》	针对“小产权房”，通知规定农村的土地不得用于商品住宅开发。禁止农村土地用于商品房开发，可有效防止乱占滥用土地，也利于维护农民的合法权益

（五）土地制度深化改革创新时期

1. 土地征收制度改革

在党的十八大报告中明确提出：“改革征地制度，提高农民在土地增值收益中的分配比例。”2012年，中央一号文件《关于加快推进农业科技创新持续增强农产品供给保障能力的若干意见》与《关于2012年深化经济体制改革重点任务意见的通知》中都要求“推进征地制度改革，加快修改土地管理法，完善农村集体土地征收有关条款，健全严格规范的农村土地管理制度”；同年在《关于加快发展现代农业进一步增强农村发展活力的若干意见》中提出：“完善征地补偿办法，合理确定补偿标准，严格征地程序，约束征地行为，补偿资金不落实的不得批准和实施征地。”2013年，在《关于全面深化改革若干重大问题的决定》中提出：“缩小征地范围，规范征地程序，完善对被征地农民合理、规范、多元保障机制。扩大国有土地有偿使用范围，减少非公益性用地划拨。”2014年，国务院《关于全面深化农村改革加快推进农业现代化的若干意见》中明确规定，“抓紧修订有关法律法规，保障农民公平分享土地增值收益，改变对被征地农民的补偿办法，除补偿农民被征收的集体土地外，还必须对农民的住房、社保、就业培训给予合理保障”“因地制宜采取留地安置、补偿等多种方式，确保被征地农民长期受益”“健全征地争议调处裁决机制，保障被征地农民的知情权、参与权、申诉权、监督权”。同年5月，在《关于2014年深化经济体制改革重点任务意见的通知》中提出，要按照集体所有权不能变、耕地红线不能动、农民利益不能损的原则，在授权范围内有序推进征地制度改革试点。随后在12月，《关于农村土地征收、集体经营性建设用地入市、宅基地制度改革试点工作的意见》中指出，“针对征地范围过大、程序不够规范、被征地农民保障机制不完善等问题，要缩小土地征收范围，探索制定土地征收目录，严格界定公共利益用地范围”“规范土地征收程序，建立社会稳定风险评估制度，健全矛盾纠纷调处机制，全面公开土地征收信息”。2015年，《关于授权国务院在北京市大兴区等33个试点县（市、区）行政区域暂时调整实施有关法律规定的决定（草案）》中提到要提高被征地农民分享土地增值收益比例，草案的出台也标志着土地征收制度改革正式进入了试点阶段。2016年，国务院办公厅印发《贫困地区水电矿产资源开发资产收益扶贫改革试点方案》明确将入股分红作为征地补偿的新方式。2018年，中央一号文件《关于实施乡村振兴战略的意见》中指出：“系统总结农村土地征收、集体经营性建设用地入市、宅基地制度改革试点经验，逐步扩大试点，加快土地管理法修改，完善农村土地利用管理政策体系。”土地制度创新时期，中央不断强调土地征收制度改革在当前各项改革工作中的重要性和紧迫性，出台的一系列政策不断扫除了土地征收制度改革过程中的障碍，系统地提出当前我国土地征收制度改革的方向与目标。

2. 宅基地制度改革

2014年之前的一号文件对于宅基地的关注，主要集中在管理、整治和确权颁证等方面，自从2014年中央一号文件提出了宅基地改革的新思路，此后宅基地的改革便在不断推进。2014年，《关于全面深化农村改革加快推进农业现代化的若干意见》中提出：“改革农村宅基地制度，在保障农户宅基地用益物权前提下，选择若干试点，慎重稳妥推进农民住房财产权抵押、担保、转让。”同年5月在《关于2014年深化经济体制改革重点任务意见的通知》明确要求在授权范围内有序推进农村宅基地改革试点。随后在2015年发布的《关于加大改革创新力度加快农业现代化建设的若干意见》提到：“依法保障农民宅基地权益，改革农民住宅用地取得方式，探索农民住房保障的新机制。”2015年8月，在《关于开展农村承包土地的经营权和农民住房财产权抵押贷款试点的指导意见》提出，在试点地区赋予农民住房财产权抵押融资功能。2016年，在《关于实施支持农业转移人口市民化若干财政政策的通知》中提出：“维护进城落户农民土地承包权、宅基地使用权、集体收益分配权。要通过健全农村产权流转交易市场，逐步建立进城落户农民在农村的相关权益退出机制，积极引导和支持进城落户农民依法自愿有偿转让相关权益，促进相关权益的实现和维护。”2017 年，中央一号文件提出，“全面加快‘房地一体’的农村宅基地和集体建设用地确权登记颁证工作”“认真总结农村宅基地制度改革试点经验，在充分保障农户宅基地用益物权、防止外部资本侵占控制的前提下，落实宅基地集体所有权，维护农户依法取得的宅基地占有和使用权，探索农村集体组织以出租、合作等方式盘活利用空闲农房及宅基地，增加农民财产性收入”。2018 年，国务院发布的《关于实施乡村振兴战略的意见》提出：“完善农民闲置宅基地和闲置农房政策，探索宅基地所有权、资格权、使用权‘三权分置’，落实宅基地集体所有权，保障宅基地农户资格权和农民房屋财产权，适度放活宅基地和农民房屋使用权。”种种政策的出台表明宅基地改革在不断深入，农民对宅基地和房屋使用权的处置权利也在不断扩大。

3. 农村集体经营性建设用制度改革

党的十八大报告中要求，依法维护集体收益分配权，加快完善城乡发展一体化体制机制，让广大农民平等参与现代化进程、共同分享现代化成果。2012 年，在《政府工作报告》中明确指出，“土地承包经营权、宅基地使用权、集体收益分配权是法律赋予农民的财产权利，任何人都不能侵犯”。在中央一号文件中要求，“加快推进农村地籍调查，2012 年基本完成覆盖农村集体各类土地的所有权确权登记颁证，推进包括农户宅基地在内的农村集体建设用地使用权确权登记颁证工作”。同年在《关于加快发展现代农业进一步增强农村发展活力的若干意见》中提出：“依法推进农村土地综合整治，严格规范城乡建设用地增减挂钩试点和集体经营性建设用地流转。”2013 年，《中共中央关于全面深化改革若干重大问题的决定》中提出：“建立城乡统一的建设用地市场。在符合规划和用途管制前提下，允许农村集体经营性建设用地出让、租赁、入股，实行与国有土地同等入市、同权同价。”2014 年，在《关于全面深化农村改革加快推进农业现代化的若干意见》中要求：“引导和规范农村集体经营性建设用地入市。在符合规划和用途管制的前提下，允许农村集体经营性建设用地出让、租赁、入股，实行与国有土地同等入市、同权同价，加快建立农村集体经营性建设用地产权流转和增值收益分配制度。”同年在《关于农村土地征收、集体经营性建设用地入市、宅基地制度改革试点工作的意见》中提出："建立农村集体经营性建设用地入市制度。针对农村集体经营性建设用地权能不完整，不能同等入市、同权同价和交易规则亟待健全等问题，要完善农村集体经营性建设用地产权制度，赋予农村集体经营性建设用地出让、租赁、入股权能；明确农村集体经营性建设用地入市范围和途径；建立健全市场交易规则和服务监管制度。"2015 年《关于授权国务院在北京市大兴区等33个试点县（市、区）行政区域暂时调整实施有关法律规定的决定（草案）》授权在大兴区等 33 个县（市、区）开展集体经营性建设入市改革试点。随后，在 2017 年中央一号文件中提出，"全面开展农村集体资产清产核资。稳妥有序、由点及面推进农村集体经营性资产股份合作制改革，确认成员身份，量化经营性资产，保障农民集体资产权利""在控制农村建设用地总量、不占用永久基本农田前提下，加大盘活农村存量建设用地力度"。2018 年，国务院发布的《关于实施乡村振兴战略的意见》提出，"扎实推进房地一体的农村集体建设用地和宅基地使用权确权登记颁证""在符合土地利用总体规划前提下，允许县级政府通过村土地利用规划，调整优化村庄用地布局，有效利用农村零星分散的存量建设用地；预留部分规划建设用地指标用于单独选址的农业设施和休闲旅游设施等建设。对利用收储农村闲置建设用地发展农村新产业新业态的，给予新增建设用地指标奖励"。由上述文件可以看出，中央对推进集体经营性建设用地改革的市场化、股份化、权责明晰、产权明确、城乡一体化的改革思想。

4. "两权分置"到"三权分置"的创新

2013 年，习近平总书记在武汉考察时提出："要好好研究农村土地所有权、承包权、经营权三者之间的关系。"同年出台的中央一号文件中提出："抓紧研究现有土地承包关系保持稳定并长久不变的具体实现形式，完善相关法律制度。"表明中央政府期望将农民的土地承包经营权变成一种几乎没有时间期限的物权。2015 年《关于加大改革创新力度加快农业现代化建设的若干意见》指出："完善相关法律法规，加强对农村集体资产所有权、农户土地承包经营权和农民财产权的保护。抓紧修改农村土地承包方面的法律，明确现有土地承包关系保持稳定并长久不变的具体实现形式，界定农村土地集体所有权、农户承包权、土地经营权之间的权利关系，保障好农村妇女的土地承包权益。"2016 年，在《关于完善农村土地所有权承包权经营权分置办法的意见》中明确要求："围绕正确处理农民和土地关系这一改革主线，科学界定‘三权’内涵、权利边界及相互关系，逐步建立规范高效的‘三权’运行机制，不断健全归属清晰、权能完整、流转顺畅、保护严格的农村土地产权制度，优化土地资源配置。”2017年，中央一号文件进一步强调完善“三权分置”的办法，希望可以在“三权分置”制度下促进土地承包权、经营权的流转，实现规模经营，提高农业生产效益。2018年，国务院发布的《关于实施乡村振兴战略的意见》明确提出，“落实农村土地承包关系稳定并长久不变政策，衔接落实好第二轮土地承包到期后再延长30年的政策”“完善农村承包地‘三权分置’制度，在依法保护集体土地所有权和农户承包权前提下，平等保护土地经营权”“农村承包土地经营权可以依法向金融机构融资担保、入股从事农业产业化经营”。“三权分置”在向农民赋权和向农地产权赋能方面实现了重大创新，为中国现代化乃至整体现代化进程奠定制度基础。

二、农民土地权益的嬗变

制度变迁过程的实质是制度的替代、转换的过程。纵观20世纪50年代以来的农村土地政策，它们主要是围绕着“土地产权、土地流动以及土地发展权”[①]这三个要素发生变迁。土地产权结构是否明晰完整、土地要素流动是否顺畅、土地发展权问题是否被关注在很大程度上与农民的土地权益密切相关。土地的发展权作为一项产权的设置，在我国还没有得到正式的法律认可。在现有政策框架下，由于农民不具有变更土地用途或性质的权利。基于此，本书将土地发展权定义为农民基于土地的非农业生产属性所获得的利益。在现阶段而言主要是指国家因工业化与城镇化发展对农村土地进行征用予以失地农民的补偿安置收益，这是农民分享到国家工业化发展成果的集中体现。制度变迁的诱致性因素是制度活动主体期望获得最大潜在利润，土地产权、土地流转权以及土地发展权均是农民土地权益的集中体现。我国农村土地政策变迁的历史过程实质上也是这几个重要权益的交叉实现过程。围绕这三个重要权益，本书具体考察我国各时期农民土地权益的状况。

---

① 土地发展权是国外学者研究的重点内容。早在20世纪50年代，英国、美国、法国等发达国家就开始探讨这一问题。国外学者一般认为，土地发展权主要包括农用地变更为非农用地的权利、未利用土地变更为农用地或建设用地的权利及在农用地使用性质不变的情况下增加投入的权利和在建设用地上进行建设的权利。而我国学者对土地发展权的理解主要是从土地用途或性质的变更这个视角来阐发的。

（一）土地改革时期的农民权益

强制性制度变迁是由国家或是政府依靠法令强制进行的一种自上而下的变迁。在当时，改变旧中国土地占用的不合理状况，如果采取与地主、富农协商的办法让他们自动把土地分配或转交给少地、无地的农民是根本不可能的。唯一的办法就是在中国共产党的领导下，推行强制性的土地改革。这一时期，我国通过土地改革废除了封建剥削的土地制度，实现了“耕者有其田”并建立农民土地所有制。1950 年，《中华人民共和国土地改革法》的出台标志着新中国土地农民所有制的基本方针。全国 3 亿多无地、少地的农民无偿地获得了 7 亿亩[①] 的土地，表 2-5 是土地改革前后各阶层占用土地的对比。在这一时期，农民不仅获得了土地，而且对拥有的土地“有权自由经营、买卖和出租”，真正赋予了农民对于土地的充分权利，极大地调动了农民的生产积极性，农业生产取得了明显的发展，农村生产力大幅度提高。以当时最主要的粮食等经济作物和农业总产值为例，详见表 2-6、表 2-7 和表 2-8 所示。

表 2-5　土地制度创新时期部分土地政策

时间	发文机构及政策名称	主要内容、目的及突破
2012 年	中央一号文件《关于加快推进农业科技创新持续增强农产品供给保障能力的若干意见》	对土地确权、土地流转等工作的进一步开展做了要求，特别强调要进行土地征收制度的改革。
	党的十八大报告《坚定不移沿着中国特色社会主义道路前进，为全面建成小康社会而奋斗》	坚持和完善农村基本经营制度，依法维护农民土地承包经营权、宅基地使用权、集体收益分配权，壮大集体经济实力，发展多种形式规模经营。改革征地制度，提高农民在土地增值收益中的分配比例。
	国务院《关于加快发展现代农业进一步增强农村发展活力的若干意见》	对土地流转工作做了更深的要求。改革农村集体产权制度，要求全面开展农村土地确权登记颁证工作，同时加快推进征地制度改革
2013 年	中央一号文件《关于加快发展现代农业进一步增强农村发展活力的若干意见》	稳定土地承包关系，引导农村土地承包权在依法自愿有偿的原则下有序流转，发展多种规模适度经营。全面开展农村土地确权颁证工作，加快推进征地制度、农村宅基地制度、集体经营性建设用地制度改革。
	国务院批转发展改革委《关于 2013 年深化经济体制改革重点工作的意见》	建立健全农村产权确权、登记、颁证制度。依法保障农民土地承包经营权、宅基地使用权、集体收益分配权

① 1 亩等于 666.67 平方米。

续表

时间	发文机构及政策名称	主要内容、目的及突破
2014 年	国务院《关于全面深化农村改革加快推进农业现代化的若干意见》	赋予农民对承包地占有、使用、收益、流转及承包经营权抵押、担保权能；允许承包土地的经营权向金融机构抵押融资。切实维护妇女的土地承包权益。 农村集体经营性建设用地在符合规划和用途管制的前提下，允许出让、租赁、入股，实行与国有土地同等入市、同权同价。 改革农村宅基地制度，选择若干试点，慎重稳妥推进农民住房财产权抵押、担保、转让。 加快推进征地制度改革。缩小征地范围，规范征地程序，完善对被征地农民合理、规范、多元保障机制。
2014 年	《关于农村土地征收、集体经营性建设用地入市、宅基地制度改革试点工作的意见》	对改革试点的主要任务做出规定，标志着我国农村土地制度改革即将进入试点阶段。
	中华人民共和国国务院令《不动产登记暂行条例》	将集体土地所有权，耕地、林地、草地等土地承包经营权，宅基地使用权，建设用地使用权等列为不动产登记对象
2015 年	国务院办公厅《关于引导农村产权流转交易市场健康发展的意见》	对农村产权流转交易市场的设立、运行和监管进行了规范，保障了农民和农村集体经济组织的财产权益，有利于农村改革发展的顺利进行。
	国务院批转发展改革委《关于2015 年深化经济体制改革重点工作意见的通知》	积极发展农民股份合作赋予农民对集体资产股份权能改革试点，开展农村承包土地经营权和农民住房财产权抵押担保贷款试点，探索赋予农民更多财产权利。
	国务院《关于开展农村承包土地的经营权和农民住房财产权抵押贷款试点的指导意见》	目的是为了落实农村土地的用益物权、赋予农民更多财产权利，促进农民增收致富和农业现代化加快发展。在试点中赋予“两权”抵押融资功能，维护农民土地权益，切实尊重农民意愿，“两权”抵押贷款由农户等农业经营主体自愿申请。
	国务院办公厅《关于加快转变农业发展方式的意见》	在坚持农村土地集体所有和充分尊重农民意愿的基础上，在农村改革试验区稳妥开展农户承包地有偿退出试点，引导有稳定非农就业收入、长期在城镇居住生活的农户自愿退出土地承包经营权。开展农民以土地经营权入股农民合作社、农业产业化龙头企业试点，让农民分享产业链增值收益。
	《关于加大改革创新力度加快农业现代化建设的若干意见》	加快构建新型农业经营体系、推进农村集体产权制度改革、稳步推进农村土地制度改革试点，进一步激发农村经济社会发展活力。
	中共中央国务院《关于落实发展新理念加快农业现代化实现全面小康目标的若干意见》	加快推进房地一体的农村集体建设用地和宅基地使用权确权登记颁证，完善宅基地权益保障和取得方式，探索农民住房保障新机制，总结农村集体经营性建设用地入市改革试点经验
2016 年	国务院《关于实施支持农业转移人口市民化若干财政政策的通知》	维护进城落户农民土地承包权、宅基地使用权、集体收益分配权。要通过健全农村产权流转交易市场，逐步建立进城落户农民在农村的相关权益退出机制，积极引导和支持进城落户农民依法自愿有偿转让相关权益，促进相关权益的实现和维护。
	国务院办公厅《关于完善支持政策促进农民持续增收的若干意见》	提出要实行农村土地所有权、承包权、经营权分置并行。鼓励农村集体经济组织与工商资本合作，整合集体土地等资源性资产和闲置农房等，发展民宿经济等新型商业模式，积极探索盘活农村资产资源的方式方法，释放农民增收新动能。
	国务院办公厅《关于完善农村土地所有权承包权经营权分置办法的意见》	就完善农村土地所有权、承包权、经营权分置办法提出意见，“三权分置”是继家庭联产承包责任制后农村改革又一重大制度创新，为农民增收提供了制度保障

续表

时间	发文机构及政策名称	主要内容、目的及突破
2016 年	国务院办公厅《关于完善集体林权制度的意见》	做好集体林地承包确权登记颁证工作，逐步建立集体林地所有权、承包权、经营权分置运行机制，不断健全集体林权制度，形成集体林地集体所有、家庭承包、多元经营的格局。
	国务院办公厅印发《贫困地区水电矿产资源开发资产收益扶贫改革试点方案》	对在贫困地区开发水电、矿产资源占用集体土地的，试行给原著居民集体股权方式进行补偿，探索对贫困人口实行资产收益扶持制度，推动资源开发成果更多惠及贫困人口，促进共享发展
2017 年	《关于深入推进农业供给侧结构性改革加快培育农业农村发展新动能的若干意见》	全面加快"房地一体"的农村宅基地和集体建设用地确权登记颁证工作。允许地方多渠道筹集资金，按规定用于村集体对进城落户农民自愿退出承包地、宅基地的补偿。在控制农村建设用地总量、不占用永久基本农田前提下，加大盘活农村存量建设用地力度。
	国土资源部 国家发展改革委《关于深入推进农业供给侧结构性改革做好农村产业融合发展用地保障的通知》	鼓励农业生产和村庄建设等用地复合利用，拓展土地使用功能，提高土地节约集约利用水平。在充分保障农民宅基地用益物权、防止外部资本侵占控制的前提下，探索农村集体经济组织以出租、合作等方式盘活利用空闲农房及宅基地。
	党的十九大报告	提出要实施乡村振兴战略，巩固和完善农村基本经营制度，深化农村土地制度改革，完善承包地"三权分置"制度。保持土地承包关系稳定并长久不变，第二轮土地承包到期后再延长三十年。深化农村集体产权制度改革，保障农民财产权益，壮大集体经济
2018 年	《关于实施乡村振兴战略的意见》	提出巩固和完善农村基本经营制度，全面完成土地承包经营权确权登记颁证工作，农村承包土地经营权可以依法向金融机构融资担保、入股从事农业产业化经营。系统总结农村土地征收、集体经营性建设用地入市、宅基地制度改革试点经验。并对闲置宅基地和零星集体经营性建设用地的使用做了相关规定。
	中共中央国务院印发《乡村振兴战略规划（2018—2022 年）》	落实农村土地承包关系稳定并长久不变政策，衔接落实好第二轮土地承包到期后再延长 30 年的政策，让农民吃上长效"定心丸"。完善"三权分置"制度，平等保护土地经营权。并且鼓励多种形式的适度规模经营、多种形式的股份合作，提高农民收入。加强农地用途管制，维护农民权益

表 2-6　土地改革前后农村各阶层的耕地占有情况

项目	土地改革前		土地改革后	
	人口比例（%）	占有耕地比例（%）	人口比例（%）	占有耕地比例（%）
贫雇农	52.37	14.28	52.2	47.1
中农	33.13	30.94	39.9	44.3
富农	4.66	13.66	5.3	6.4
地主	4.75	38.26	2.6	2.2
其他	5.09	2.86	—	—

资料来源：陈锡文 . 中国农村制度变迁 60 年 [M]. 北京：人民出版社，2009：10

表 2-7　1949—1952 年粮食等农作物的产量（单位：千克）

年份	粮食					棉花
	平均	稻谷	小麦	杂粮	薯类	
1949	137	252	86	101	187	21
1950	159	281	85	118	215	24
1951	168	300	100	118	225	25
1952	176	321	98	106	251	31

资料来源：国家统计局 . 中国统计年鉴 1983[M] 北京：中国统计出版社，1983：171；国家统计局 . 伟大的十年 [M]. 北京：中国统计出版社，1959：107

表 2-8　1949—1952 年农业总产值的增长额及指数

年份	绝对值（亿元）	指数（以 1949 年为 100.0）
1949	326	100.0
1950	384	117.7
1951	420	128.8
1952	484	148.4

资料来源：国家统计局 . 光辉的三十五年 [M] 北京：中国统计出版社，1983：51

国家通过土地改革满足了广大农民拥有土地的需求。第一，制度的变迁产生了总体的收益。通过土地改革，将地主、富农的土地无偿地分给少地的贫农及雇农，建立了土地的农民所有制。土地改革使广大农民获取了完整的土地产权，满足广大农民对土地的渴望，实现了广大农民与土地的直接结合，生产资料和劳动者的直接结合。这场以政府领导的强制性制度变迁，激发了农民的生产积极性，迅速恢复和发展了新中国农业生产。“1952 年与 1949 年相比，农业总产值增长了 53.4%”①，制度变迁对广大农民来说激励作用是显而易见的，直接提高了农民收益和生活水平。第二，土地改革提高了农民群众的政治地位。“昔日生活在乡村社会最底层、在政治上毫无地位的贫农、雇农，一夜之间成为国家的主人。”②

土地改革时期，农民的土地权益是比较充分和完整的。农民获得了土地所有权，土地产权归属很明确。农民对土地的所有权意味着农民可以自由买卖、出租土地，对土地有处置权包括流转权。但由于当时的生产力与经济发展水平的原因，缺乏土地要素流转的必要，更无土地发展权而言。

---

① 刘文璞，魏道南，秦其明 . 中国农业的社会主义道路再认识 [M]. 北京：中国社会科学出版社，1987：67-68.

② 陈吉元，等 . 中国农村社会经济变迁 [M]. 太原：山西经济出版社，1993：86.

（二）土地集体化时期的农民权益

土地改革后不久，农村出现了“两极分化”的趋势，党中央决定推行农业生产合作社运动。农民加入合作社后，土地以入股的形式交由合作社统一经营，劳动成果也由合作社统一分配。这样一来，每一块土地的产出状况与这块土地的农户没有直接的经济联系，所有农户的收益取决于合作社全部土地的经营状况。在这一政策导向下，农民失去了对土地的直接控制权，在很大程度上抑制了农民的生产积极性。

人民公社化时期，土地完全公有化、生产高度集中统一化、收入分配极大平均化，这极其不利于调动农民生产积极性，不利于保护农民利益。第一，农民失去了土地所有权。土地全部属于集体所有，集体组织对集体土地所有权无形之中造成土地所有权及使用权含糊不清。同时，所有权无法对象化于集体成员身上，对每个农民都不具有对土地的排他性产权，农民自然没有生产积极性，偷懒怠工现象普遍化。第二，农民失去了土地经营权。在高度计划经济影响下，国家包揽农业生产的整个过程，于是在农民生产经验和国家的政策之间，缺乏沟通互补的过程，农民的土地生产技能得不到很好的发挥。第三，农民失去了土地收益权。人民公社收益分配的首要原则是“先国家，后集体”。可是国家由于受浮夸风影响，在征购中往往高估农村生产效益。而农民得到的剩余权益已减至最低限，影响到了农民的基本生活。人民公社的“不分男女老少，同工同酬”的分配政策是一种绝对平均主义的供给制，颠覆和破坏了社会的动力机制，使偷懒、“搭便车”等机会主义行为在大公社时期盛行。

人民公社制度的确立是随着国家意志转变，被国家有意识地嵌入的。土地改革确立了私有化的土地占有形式，与我国占支配地位的意识形态所界定的制度选择不相符，按照传统社会主义理论认为，只有公有制才能实现人的自由、平等和高效率。从表 2-8、表 2-9 和表 2-10 数据可知，在 1957—1978 年这 21 年间，我国的粮食总产量增长了 58.1%，平均每年增长 2.2%；棉花总产量增长了 50%，平均每年增长 2.2%；油料总产量增长了 2.6%，平均每年增长仅 0.12%。这些数据都直接表明了在当时最具有代表性的这三种农作物的产量年增长率均比较低。从人均占有量来看，1957 年，人均占有粮、棉和油分别是 306 千克、2.6 千克和 6.6 千克。而到了 1978 年，全国每人平均占有粮、棉和油分别是 318.7 千克、2.3 千克和5.1千克。历时21年，粮食人均占有量仅增加了12.7千克，棉花和油料的人均占有量反倒减少了。从农民人均收入情况来看，1957—1978年这21年间，来自集体的人均分配收入只增加了33.3元，每年只增产1.59元。收入分配中的现金收入，21年间只增加了4.77元，平均每年增加0.23元。这些数据说明了这一时期农村土地政策的改革方向和指导方针出现严重偏差，政策的执行在很大程度上影响了农民生产积极性，阻碍了农村经济发展(见表2-9、表2-10和表2-11)。

表2-9　1957—1978年间粮、棉、油产量增长情况

种类	总产量增长率（%）	年均增长率（%）
粮食	58.1	2.20
棉花	50.0	1.95
油料	2.6	0.12

表2-10　粮、棉、油的人均占有量情况

年份	粮食人均占用量（千克）	棉花人均占用量（千克）	油料人均占用量（千克）
1957	306.0	2.6	6.6
1978	318.7	2.3	5.1

表2-11　农民人均收入情况

年份	人均年收入（元）	人均年现金收入（元）	21年间增长总数（元）	21年间年增长（元）
1957	40.50	14.20	33.30	1.59
1978	73.80	18.97	4.77	0.23

政策导向下通过私有土地上的分户经营、互助经营、合作统一经营以及集体公有土地上的集中统一经营的方式逐步使得个体农民私有的土地改造为人民公社所有以生产队为基础的集体所有制。从农业合作化运动到人民公社，这一系列生产方式的改变，使得农民对于土地的产权弱化，土地所有权虚置，农民所有权的残缺必然最终导致经营权等权益的残缺。个体农民与土地不再存在法律上的产权关系，土地改革时期的“有权自由经营、买卖和出租”已经不可能实施，农村土地要素流动变得不可能。这在当时而言，不管是土地所有权关系的变化还是农业经营形式的变化对于广大农民来说都是过于急促、难以适应的。这一时期的土地政策在某种程度上不能很好地保障农民权益，为农民权益服务。

（三）家庭联产承包责任制初期的农民权益

党的十一届三中全会提倡，从实际出发、解放思想，确立了改革开放的基本国策。国家政治调整为农村土地政策创新提供了机会。1978年，安徽凤阳小岗村农民率先打破人民公社制度，冒着风险私自分田单干。1983年1月，中共中央发布的《当前农村经济政策的若干问题》正式确立了家庭联产承包责任制，绝大部分农村地区的农户都开始采用这一新的制度，完成了土地的集体使用权向个人使用权的转变。家庭联产承包责任制的确立是以农民群众为主体受潜在利益的诱导自发推行的诱致性制度变迁，它不是一个有目标、有计划的改革方案执行的结果，而是源于自下而上农民自发的需求。

家庭联产承包责任制是在坚持土地集体所有制前提下，以承包合同的方式，把土地承包给农民，农民拥有土地承包经营权。这一政策框架下，农民获得了除土地所有权以外的绝大多数土地权益，农民的生产积极性得到前所未有的提升，政策的激励作用得以彻底释放并达到空前最大化。第一，农民拥有了土地的使用、经营权。农民有权按照利益最大化的原则，决定土地上种什么，如何种及如何配置劳动力和资本等要素。这样，农民生产的积极性得到最大化的激发。第二，农民获得了完整的土地剩余收益权利。在利益分配形式上，由“工分十人口分配制”改革为“交足国家的，留足集体的，剩下都是自己的”，农民真正实现了“多劳多得”，兼顾了国家、集体和个人三方面利益。这一基本制度相对人民公社制度而言，由于将农民的投入与收益挂钩，根本解决了农业微观经营环节的激励机制问题，调动了农民生产积极性。第三，农民拥有了劳动力产权。伴随着家庭联产承包责任制的实行，人民公社借助于指令性计划经营农业生产的经济功能丧失。人民公社制度失去了其存在的经济和政治意义、失去了在乡村社会的权威。国家政权在乡村社会逐步退出，村民自治开始兴起。这一时期的土地政策使农民拥有了较充分的土地权益，农民可以充分发挥自己的劳动资源，提高劳动收入。“由生产队体制向家庭联产承包制体制的变化使产出增长了约46.89%，大约相当于投入增加的总效应。”[①] 至1984年，我国农业与改革前相比有了明显的改善，如表2-12所示。这一时期，我国农业产出增长的主要原因在于土地政策创新催生的农民土地权益得到较好的保障。

① 钱忠好．中国农村土地制度变迁和创新研究[M]．北京：中国农业出版社，1998：3.

表 2-12　农村各方面情况对比

年度	粮食总产量（万吨）	农业总产值及构成				农村机械总动力（万千瓦）	化肥施用量（万吨）	人均纯收入（元）
		总产值	构成					
			农业	林业	副业			
1978	30477	1397	76.71	3.44	3.29	11750	884	133.57
1984	40731	3214.13	68.30	5.03	5.79	19497	1739.8	355.33

资料来源：国家统计局．中国统计年鉴 1992[M]．北京：中国统计出版社，1992

但同时我们也应该看到，这一时期的农民虽然获得土地承包经营权，但由于城乡之间土地要素流动处于静止状态，土地流转被限制，而且农民无法通过其所掌握的土地要素，分享到城市的工业化发展成果，农民土地权益一定程度上只是生存权的保障，“温饱”问题得以较好解决而已，不能从根本上解决农民致富和农民发展的长远问题。

（四）家庭联产承包责任制完善时期的农民权益

渐进性制度变迁由于存在对原有制度存有路径依赖问题，制度变迁并不彻底。况且，理论上也不存在一次土地制度变迁可以一劳永逸地解决农业增长中的所有问题。20 世纪 80 年代中后期，家庭承包责任制的缺陷开始凸现。于是国家出台一系列政策，使得家庭联产承包责任制不断地完善。例如，土地承包期限得到稳定并延长，2008 年，党的十七届三中全会提出，“现有土地承包关系要保持稳定并长久不变”；土地流转限制逐渐放开，2008 年，党的十七届三中全会提出，“建立健全土地承包经营权流转市场，按照依法自愿有偿原则，允许农民以转包、出租、互换、转让、股份合作等形式流转土地承包经营权，发展多种形式的适度规模经营”“完善农村宅基地制度，依法保障农户宅基地用益物权”；农民在经济发展过程中的权益损失不断得到弥补。党的十八大报告明确指出：“改革征地制度，提高农民在土地增值收益中的分配比例。”

诸多政策的相继出台赋予了农民长期而有保障的“土地使用权”，农民的土地权益得到最大限度的保障。第一，稳定的土地承包关系使农民有稳定的心理预期。长期而有保障的承包经营权不仅可以激励农民保护土地和进行长期投入，通过扩大再生产机制发挥更大的制度效益。而且也有利于农民成为土地使用权流转的主体，激发农民进行土地流转的积极性，积极主动地争取合法的流转权益。第二，有利于获得更多的土地财产性收益。土地流转大大强化了土地承包权，把原来单一的经营权分为占有权、使用权、收益权和处分权。通过对土地承包权的法定化、稳定化和市场化，使其物权化，便于土地作为资本在流转过程与其他生产要素实现优化配置，农民则成为独立的财产主体和经济主体，可以得到更多的土地权益。第三，允许土地承包经营权自由进入市场，可以产生土地规模效益。通过农业的规模化经营，推动农业的产业化、高效化，解决了分散经营效率低下的问题。既能提高耕地资源的效益，又能提高农民的收入，而且有利于农民向非农业的转移，缩小城乡差别。第四，农民能够不同程度地享受到工业化发展成果。20 世纪后期，随着工业化和城市化的快速发展，国家不断出台相关的土地征收和征地补偿政策，在城乡级差地租资本的基础上，政府通过构建兼顾城市发展与农民土地权益的征地补偿机制，使农民能够真正分享到城镇的工业化发展成果。农民土地被征用、征收后，在原定的农民土地承包期限内，农民并不丧失继续获得被征收土地收益的机会，农民可以通过土地入股等多种方式，使农民获得长期收益。

这一时期，在中央政府主导、地方政府推动下，通过推行统筹城乡区域经济社会发展战略，综合利用经济手段、法律手段等，逐步打破城乡“二元”经济结构，促进土地资源自由流动，完善农民土地产权结构，使农民能够逐步通过其所掌握的土地要素，分享到城镇的工业化发展成果。因此，农民的土地权益得到相对完整的体现，其表现形式更丰富。

（五）土地制度深化改革创新时期的农民权益

近几年来，我国拉开了新一轮土地制度改革的大幕，对适应社会主义市场经济体制的土地制度进行创新。农村集体土地制度创新在始终遵循着“赋予权利，回归权利”这一条主线下出台了改革的总体方针政策，并推动各项改革试点的进行。“确权、赋权能、流转”是土地创新时期的三大核心词汇，这三个核心词汇是我国新一轮的土地制度创新与农民权益保障之间的政策出发点、着重点和落脚点。

第一，土地确权登记使土地主体性边界权益更加明晰。土地确权登记可以确保土地在集体所有的基础上合理划分农用耕地，保障农民宅基地使用权益，防止农村集体经营性建设用地等土地资产的流失。土地确权后，解决了农民承包地面积不准、四至不清等问题，村集体、合作社、农民等主体之间清晰而排他的权益边界得到明确，消除了过去土地权利主体和利益主体不明确、不客观的弊端。只要农民有登记后颁发的证书在手中，就代表着农民牢牢握住了自己的土地承包经营权，从根本上维护了农民的土地权益。由此一来，农民可以放心大胆地将土地进行流转，促进了农村要素资源的优化配置，提高劳动生产率和土地的利用效率，进而提高农民土地资产性收益。

第二，农民土地财产权凸显。农村集体产权改革的重点内容是“赋予农民更多的财产性权益”。在确权之前，由于集体土地产权的不完整，土地经营权的转让、融资，宅基地的出租、抵押等功能无法实现，农民无法利用土地的使用权衍生出土地相关财产性收益。在土地确权登记改革的过程中，国家不断发展完善相关土地权利，赋予集体土地完整的产权，这样一来土地承包经营权可以用来融资、转让，农民宅基地可以用来出租和抵押的功能得以顺利实现。此外，农村集体经营性建设用地的改革中要求在符合规划和用途管制的前提下，允许农村集体经营性建设用地出让、租赁、入股，实行与国有土地同等入市、同权同价，这一政策也大大增加了农民财产性收益。

第三，更加重视农村妇女土地权益。随着城乡一体化的发展，农村家庭中男性农民大量涌入城市工作，农村女性承担越来越多的农业生产活动。但是受封建思想的影响，农村女性很难拥有与男性平等的土地权益。在土地创新时期，国家越来越重视农村妇女土地权益的保障，在 2014 年发布的《关于全面深化农村改革加快推进农业现代化的若干意见》中明确提出，要切实维护妇女的土地承包权益，在随后发布的一系列土地政策中也在不断强调要维护妇女的土地承包权益。

第四，不断强化农民分享工业化和城镇化发展成果。伴随工业化和城镇化的快速发展，农民土地权益不再局限于“一亩三分地”，农民土地权益的内容和形式更加丰富，在工业反哺农业的阶段，农民土地权益也更多地体现为分享工业化和城镇化发展的成果，所以国家不断出台相关的政策，强调增强农民分享土地增值收益、改变对被征地农民的补偿办法，除补偿农民被征收的集体土地外，还必须对农民的住房、社保、就业培训给予合理保障，确保被征地农民长期收益，也体现了农民权益得到进一步保障。

三、农民土地权益保障政策的绩效检验

从前文的分析可知，我国农村土地政策系统沿着不断强化农民土地权益的方

向演进，无论是在土地使用权，还是土地流转权或土地发展权，在政策指向上都更多地指向农民，呈现出不断强化农民土地权益的特征。由此，我们得到有待于检验的假说：凸显农民土地权益倾向的土地政策更能促进农业经济发展，其政策绩效更明显。

（一）模型设计说明

模型设计的基本思路是：农村土地政策的目标是多重性的，农业经济的增长是其中较为重要的。本书把农业经济增长简化为农村土地政策的绩效。对农民土地权益的指向程度不同的土地政策对土地、资本、劳动等的投入及利用效率的影响是不同的，它对农业经济增长的贡献率也是不同的。估计出不同时段农民土地权益保障政策下的农业增长回归方程可以分别代表不同时段的农业增长状况。通过将土地、资本、劳动等有关解释变量数据分别代入相关的回归方程得到相应的因变量估计值，可以测定同样的解释变量数据在不同时段的农民土地权益保障政策下可能产生的因变量值，不同的因变量估计值可以反映出不同的农民土地权益保障政策对经济增长的贡献。

为了更确切对比农民土地权益指向程度不同的土地政策对经济增长的贡献率，本书引用1978—2008年家庭联产承包责任制时期的相关数据，以第二轮土地承包为界限，分别构建不同时期下的两个回归模型，1978—1992年的模型，1993—2008年的模型，并将每年的解释变量数据分别代入求得的两个回归方程，得到每年相应的因变量估计值。然后对求得的对应的因变量估计值进行两两对比，值大者赋予权数为2，值小者赋予权数为1。最后加总计算出1978—1992年和1993—2008年的权数和，据此比较不同的农民土地权益保障政策的绩效。若1993—2008年的权数和大于1978—1992年所得权数和，则表明1993—2008年这一时期对农民土地权益保障更多的土地政策，其政策绩效优于1978—1992年这一时期。

计量模型方程为：

$\ln Y=b+x_1\ln$ 农作物播种面积 $+x_2\ln$ 劳动力 $+x_3\ln$ 施用化肥量 $+x_4\ln$ 农业机械总动力

方程中，因变量 Y 为农业总产值，作为衡量农业总产出的经济指标。

模型中所有数据均来自《新中国五十五年统计资料汇编》、2006—2009年的

《中国统计年鉴》。对个别缺失值的处理：用各省除缺失值年份外其余各年的年平均值进行推算，用推算值作为代替值。

（二）模型结果分析

在对模型进行估计时，首先，进行协方差分析检验以确定真实模型，其次，计量模型的估计结果见表 2-13 所示。

表 2-13　回归模型检验结果

自变量	1978—1992 年	1993—2008 年
	模型 1	模型 2
ln 农作物播种面积	0.3408 （6.5593）	0.0829 （3.1326）
ln 农业劳动力	0.1042 （2.6515）	−0.0728 （−5.9067）
ln 化肥施用量	0.2475 （10.0242）	0.6791 （32.4079）
ln 农业机械总动力	0.3163 （8.4976）	0.1355 （2.6506）
常数	2.0403 （11.8584）	3.1635 （29.5459）
F	723.8506	2458588
R^2	0.87	0.89

注：括号内为 T 统计量，以上数据均在 0.01 水平上显著

从表 2-13 可以看出，模型 1 的 R^2=0.87，模型 2 的 R^2=0.89，说明模型的解释度较高，表明模型选取的解释变量能够较好地解释我国 1978—2008 年期间的农业增长情况。模型 1 的 F=723.8506，模型 2 的 F=2458588，各自变量的系数均在 0.01 的水平上显著。

表 2-14 是引用全国 29 个省各投入要素的数据，将表中的农作物播种面积、农村劳动力、化肥施用量、农业机械总动力数据分别代入模型 1 和模型 2 的回归方程，得到 62 个农业总产值数值，然后比较对应年度农业总产值估计值的大小，值大者赋予权数为 2，值小者赋予权数为 1，最后加总计算出 1978—1992 年和 1993—2008 年的权数和，即可知不同时期农民土地权益保障政策对农业绩效的作用大小。表 2-15 显示，1993—2008 年这一时期各年的权数均为 2，均大于 1978—1992 年中各年的权数。这表明 1993—2008 年的农民土地权益保障政策对

农业增长的贡献率较大，政策绩效较优于1978—1992年这一时期。这意味着，与1978—1992年这一时期相比，1993年二轮土地承包以来的农村土地改革，通过土地政策赋予农民更充分的土地权益，能极大地促进农业经济的发展，凸显出更大的政策绩效。这给予我们较大的启示，我国不同时期的农村土地政策都在不同程度上保障农民的土地权益，但1993年以来，农村土地政策沿着不断强化农民土地权益的方向演进，不断延长农村土地承包期限以至到“承包关系永久不变”，提高农民在土地流转和征地过程的利益分配，在政策指向上更多的“让利于民”，促进了农业经济的发展，其政策绩效相应的较优于以往的土地政策。

表2-14　全国农业投入要素情况

年份	播种面积（万公顷）	劳动力（万人）	化肥施用量（万吨）	农业机械总动力（万千瓦）
1978	15010.4	2262.5	884.0	9403.3
1979	14847.7	22344.0	1086.3	10440.4
1980	14638.0	22031.0	1269.4	11155.2
1981	14515.7	23409.5	1334.9	12327.1
1982	14475.5	23178.4	1513.4	12479.1
1983	14399.4	23493.5	1659.8	13591.8
1984	14422.1	22858.1	1739.8	14437.9
1985	14362.6	21556.2	1775.8	14481.0
1986	14420.4	21588.9	1930.6	15852.8
1987	14495.7	21387.6	1999.3	16783.0
1988	14486.9	20163.2	2141.5	16615.6
1989	14655.4	20850.2	2357.1	17613.3
1990	14836.2	25160.5	2590.3	18561.5
1991	14958.6	24611.4	2805.1	18499.5
1992	14900.7	23803.0	2930.2	18642.1
1993	14774.1	22633.4	3151.9	19111.4
1994	14824.1	21323.3	3317.9	19678.4
1995	14987.9	20759.8	3593.7	21103.4
1996	15238.1	21090.8	3827.9	13348.2
1997	15396.9	20289.2	2980.7	24467.9
1998	15570.6	20413.6	4083.7	26234.5
1999	15637.3	20577.7	4124.3	28187.9
2000	15630.0	20069.9	4146.4	29274.6
2001	15570.8	20171.4	4253.8	30479.5
2002	15463.6	20099.4	4339.4	31580.1

续表

年份	播种面积（万公顷）	劳动力（万人）	化肥施用量（万吨）	农业机械总动力（万千瓦）
2003	15241.5	18302.5	4411.6	30242.1
2004	15355.3	17652.5	4636.6	32046.6
2005	15548.8	16888.1	4766.2	34003.9
2006	15214.9	17171.6	4927.7	38245.8
2007	15346.4	15875.4	5107.8	38668.6
2008	15626.6	14821.3	5239.0	39739.3

表 2-15　农民土地权益指向程度不同的土地政策的绩效检验

年份	1978—1992 年		1993—2008 年	
	ln$y$	权数	ln$y$	权数
1978	10.9769	1	11.2384	2
1979	11.1154	1	11.2326	2
1980	11.1385	1	11.2823	2
1981	11.1591	1	11.3008	2
1982	11.1734	1	11.3388	2
1983	11.1949	1	11.3704	2
1984	11.2073	1	11.3888	2
1985	11.2066	1	11.3967	2
1986	11.2287	1	11.4268	2
1987	11.2406	1	11.4409	2
1988	11.2439	1	11.4624	2
1989	11.2654	1	11.4935	2
1990	11.2931	1	11.5189	2
1991	11.3014	1	11.5432	2
1992	11.3051	1	11.5575	2
1993	11.3128	1	11.5817	2
1994	11.3201	1	11.6006	2
1995	11.3387	1	11.6295	2
1996	11.2858	1	11.6213	2
1997	11.373	1	11.6701	2
1998	11.3872	1	11.6819	2
1999	11.3991	1	11.6889	2
2000	11.4037	1	11.6935	2
2001	11.4117	1	11.7031	2
2002	11.4175	1	11.7110	2

续表

年份	1978—1992 年		1993—2008 年	
	lny	权数	lny	权数
2003	11.4069	1	11.7157	2
2004	11.4197	1	11.7352	2
2005	11.4307	1	11.7487	2
2006	11.4479	1	11.7641	2
2007	11.4510	1	11.7782	2
2008	11.4571	1	11.7901	2
	（1978—1992）权数合计	31	（1993—2008）权数合计	62

为了更准确地了解我国未来土地政策改革的具体方向，我们来分析处于人民公社时期和家庭联产承包责任制时期的农业发展情况。基于此，引用 1958—2005 年的中国农业经济数据①，使用数据包络分析（DEA）的非参数方法估算不同土地产权下农业资源配置的效率，用 D（input，output）表示相对有效性即距离函数，把效率损失视为农业资源配置的总体效率情况，通过把凸性约束条件 $I1^{T}\boldsymbol{\lambda}=1$ 添加进去，则 DEA 模型就是求解在规模报酬条件下的距离函数最小化问题②：

$$\underset{\lambda,\theta}{\mathrm{Min}}\theta = D(\mathrm{input},\ \mathrm{output})$$

$$\mathrm{s.t.} -\mathrm{output}_i + Q\boldsymbol{\lambda} \geqslant 0$$

$$\theta\,\mathrm{input}_i - X\boldsymbol{\lambda} \geqslant 0;\ i=1,\ \cdots,\ I$$

$$I1^{T}\boldsymbol{\lambda}=1$$

$$\boldsymbol{\lambda} \geqslant 0$$

这里，假定有 I 个时间，每个时间段有 N 种投入和 M 种产出。第 i 个时间段的投入与产出分别用列向量 input_i 和 output_i 表示，（$N\times I$）投入矩阵 X 与（$M\times I$）产出矩阵 Q 代表所有 I 个时间段的序列数据。此外，用 θ 表示标量，而 $\boldsymbol{\lambda}$ 表示一个（$I\times 1$）的常数向量，$I1^{T}$ 表示元素为 1 的（$I\times 1$）的矩阵的专置形式。在规模报酬变化条件下，衡量效率的时间序列变化，可将仅仅效率损失分解为 LE=1−TE×SE。此处，TE 为纯技术效率，SE 为规模效率。其中，本书以劳动力、农作

① 1958—1998 年的数据来源由于《新中国五十年统计资料汇编》，1999—2005 年的数据来源于 2000—2006 年的《中国统计年鉴》

② 何一鸣．产权管制、制度行为与经济绩效 [J]. 中国农村经济，2010（10）．

物播种面积和农用机械总动力作为投入变量，农业产值为产出变量。最后运用软件 DEAP2.1 计算。具体结果见表 2-16。

表 2-16　不同土地产权状态下农业资源效率损失（单位：%）

年份	效率损失	年份	效率损失	年份	效率损失	年份	效率损失	年份	效率损失
1958	67.6	1968	60.1	1978	80.8	1988	50.7	1998	6.1
1959	72.0	1969	65.9	1979	71.8	1989	58.4	1999	12.4
1960	74.2	1970	66.0	1980	71.9	1990	50.7	2000	18.3
1961	67.9	1971	68.9	1981	70.3	1991	49.6	2001	17.9
1962	67.8	1972	71.6	1982	68.0	1992	46.5	2002	18.2
1963	66.5	1973	67.8	1983	67.2	1993	38.9	2003	19.3
1964	63.3	1974	70.6	1984	55.2	1994	18.9	2004	1.5
1965	64.1	1975	76.7	1985	55.9	1995	10.6	2005	9.1
1966	67.6	1976	80.5	1986	55.6	1996	9.6		
1967	51.9	1977	83.5	1987	53.8	1997	3.7		

从表 2-16 可以看出，1958 年后，我国农业资源扭曲配置造成的效率损失比较高，1958 年的效率损失指数为 67.6%，即大部分农业资源都没有得到有效利用。1976—1978 年这三年的农业资源配置效率损失指数均在 80% 以上。但是，经过 1978 年家庭联产承包责任制确立之后，资源配置开始得到改进，特别是 1984 年之后，农业资源效率损失的比例不断降低，2005 年效率损失比例仅有 9.1%。这可能与不同时期实施的土地政策有关。人民公社时期，国家实行全面管制，垄断了农产品的全部收购，关闭农村要素市场，成为农村土地要素的决策者和受益者，集体在合法的范围内，只是国家意志的贯彻者，基本上没有任何决策权。到了 1978 年，以家庭为基本单位的联产承包责任制这一新的制度安排得以确立，它虽然保留了集体对大部分资源的使用权和转让权的管制，但家庭成为自身经济活动的决定者，调动了农民的积极性。这一制度安排“把剩余索取权重新赋予分散决策的农民，获得剩余索取权的农民具有最佳使用资源的积极性，资源因而能够较自由地流向对其评价最高的主体手中，实现了资源的最优配置。”[①] 如果说人民公社时期，国家对农村土地的管制是全面的、苛刻的，那么家庭联产承包责任制的确立则是使国家管制得以放松。虽然在家庭联产承包责任制的制度框

① 何一鸣 . 产权管制、制度行为与经济绩效 [J]. 中国农村经济，2010（10）.

架下，土地所有权没有改变，土地还是实行集体所有，但是国家放松了对农村土地产权的管制，家庭联产承包责任制赋予农民土地使用权和收益权以及部分的转让权。这从侧面表明了在坚持农村集体所有制的前提下，进一步放松对土地产权的管制、赋予农民个体更清晰、更确定的土地权益，将有利于农业经济的进一步发展。

（三）政策启示

从以上分析可知，1993 年二轮土地承包以来的农村土地改革，通过土地政策赋予农民更充分的土地权益，能极大地促进农业经济的发展，凸显出更大的政策绩效。因此，我国农村土地政策结构要沿着不断强化农民土地权益的方向进行改革和完善，在政策指向上要更多地指向农民、“让利于民”。

现阶段，要进一步的优化土地政策结构，赋予农民更丰富的土地权益，我们应该在保持农村土地集体所有制不变的前提下，进一步放松农村土地产权管制。当下，家庭联产承包责任制赋予农民个体的是收益权以及有管制的使用权和流转权，农民拥有的土地权益是农地资源使用、获益与转让的权利集合，这一土地产权束中，土地流转权被管制得相对比较严厉。在产权束中，转让权其实起着更为关键的作用，因为得到清楚界定的转让权一定包含着清楚界定的使用权和收益权。但是反过来，清楚界定的使用权或收益权并不一定意味着可以自由转让。因此，我国未来要进一步赋予农民更充分、更完整的权益，农地流转权管制的放松有可能成为关键的内容。总之，对农民土地使用权、土地流转权和土地发展权进行更清晰的界定并加以保护，才能更快地促进我国农业经济的进一步发展。

第三章

农村土地政策利用创新与农民权益保障*

* 本书的第三章“农村土地政策利用创新与农民权益保障”是国家社科基金项目“滇桂黔石漠化片区土地政策实施的减贫效应研究”（批准号：17XZZ002）阶段性成果。

一、乡村旅游发展与农民权益

随着 2013 年国家实施精准扶贫政策以来，旅游业作为一种投资少、风险低、可持续发展性高、经济效益明显的扶贫产业，得到国家和贫困地区的高度重视，国家旅游局、国家发改委、国务院扶贫办、国土资源局、农业部等部门分别出台一系列的配套政策，助力国家打赢脱贫攻坚战。

（一）国家政策引导

国家在支持旅游以及乡村旅游扶贫开发的土地政策方面有较多有利于农民权益且切实可行的措施。在保证农村土地承包权长期稳定的基本政策前提下，乡村旅游项目建设用地被纳入土地利用总体规划。其主要内容有鼓励农村集体经济组织依法使用集体土地以土地使用权入股或联合经营的方式参与到乡村旅游扶贫的开发过程中；支持农村闲置房屋、建设用地再利用盘活；开发“四荒地”、林场、耕地等来发展乡村旅游扶贫项目；允许土地经营权有序流转；引导农户根据自身情况通过长期流转承包地，长期租赁、先租后让、租让结合等方式支持乡村旅游项目建设用地参与到乡村旅游扶贫项目开发过程中。

（二）地方探索乡村旅游发展实践

1. 设立乡村旅游发展专项资金

发展乡村旅游需要资金作为经济后盾。笔者通过调研了解到，广西从旅游发展专项资金中安排资金扶持贫困村旅游扶贫项目建设，桂林市的贫困村旅游扶贫的项目建设由市财政部门来安排固定的配套资金投入开发；在金融政策支持方面，建档立卡贫困户可以进行5万元以下生产性贷款，这部分款项3年内，免担保、免抵押，给予贫困人口在旅游开发过程中自主经营和发展的资金支持；引导帮助贫困群众为其森林、房屋、牲畜购买保险；创新抵押担保方式，允许使用农村林权、居民房屋产权、农业大棚等抵押贷款，为贫困村提供旅游项目开发金融支持。

2. 土地政策助力产业融合

地方政府结合农村土地整治和土地流转，帮助贫困乡村优化产业结构，改变单一的农产品产业种植，规模化种植花卉苗木、水果蔬菜等特色经济作物形成产业化助力乡村旅游产业建设，开发扶贫加乡村休闲度假基地等乡村文化体验式旅游产品；打造一批乡村旅游扶贫示范点，起到模范带头作用；形成以乡村文化、农产品产销、美丽田园的村庄休闲乡村旅游扶贫品牌。

3. 借力土地，推动旅游项目落地建设

推动重大旅游项目在贫困地区落地建设，鼓励贫困户通过土地流转、房屋资产入股分红、门票分红等方式参与到旅游项目的开发和经营过程中，实现增收。同时将贫困村的优势资源转化为经营资产，带动和发展一批高品质的旅游经营项目，如构建乡村旅游产业聚集区、乡村旅游区、农家乐、林家乐聚居区等，吸纳贫困人口就业。旅游扶贫重点村乡村旅游从业人员技能培训优先纳入农民工培训年度计划。

4. 创新“政府 + 公司 + 农户”的乡村旅游发展模式

“政府 + 公司 + 农户”的乡村旅游发展模式的特征是政府的主要责任是对于景区进行规划和基础设施建设以及给予财政支持；公司主要负责经营管理和商业运作；农户主要负责维持和保护自然生态以及游客接待，像龙脊、温泉景区等以生态游为主打的乡村旅游主要是采取这种合作开发的模式。由于旅游开发占用了农户的土地，政府会给予农户一定的财政补贴，公司会根据当年的景区盈利按比例分红给农户，在很大程度上提高了农户的收入。

5. 改善乡村旅游的基础设施

建设景区与乡村旅游点之前的交通路网，链接城市及国道、省道至贫困村，打造乡村旅游绿道，逐步实现有条件的乡村旅游区通公交车辆，旅游厕所、交通标识牌、重点建设公共停车场、休憩设施、游客服务中心等旅游公共服务设施。建立完善旅游安全保障、旅游信息咨询、旅游行政管理、旅游交通便捷、旅游便民惠民五大服务体系，优化整个乡村旅游扶贫开发和发展环境，为贫困农村发展旅游业创造基础条件和硬件支持。

（三）乡村旅游促进农民权益

1. 提高了当地农民的收入

乡村旅游发展过程中，土地补贴的收入、游客带来的消费收入、农民务工的收入等都直接给当地的农户带来了收入的增加。本书中的案例地点龙胜各族自治县，45.29% 的贫困人口通过乡村旅游的发展，经济收入得到了提高。以该县最出名的龙脊梯田景区为例，其景区门票收入的 10% 提取分红给村民，并给予村民每亩 500－1000 元耕种补贴。2017 年，整个龙脊梯田景区从门票、索道、演出收入中的分红给群众超过 1000 万元。其中大寨梯田景区村民分红达到 426 万元，较多的一户仅分红收入就有 4 万多元 / 年、最少的一户也有 9000 多元 / 年。2017 年，广西乡村旅游扶贫项目接待游客约 2.35 亿人次，其游客接待人数约占全区接待游客的 45%；乡村旅游消费收入约 1506.70 亿元，通过乡村旅游扶贫辐射带动 142 个旅游扶贫村脱贫摘帽，约 3.3 万户 14.71 万贫困人口脱贫。

2. 基础设施的改善更有利于当地农民生产生活

随着乡村旅游扶贫项目的开发，交通条件较差，信息相对闭塞这一问题得到较大幅度的改善，因为基础设施的完善和公共服务能力的建设是打造旅游品牌的基础。可以看到近些年，广西实施乡村旅游的少数民族地区综合旅游交通网络、村寨人居环境都有了很大程度的改善。同时，配套乡村旅游标准化建设，农厕的改造升级、建设卫生排污系统等，加上酒店、购物场所、游客服务中心、医疗救护室等硬件设施建筑，这些都在很大程度上改善了当地农民的生产条件和生活环境。2017 年，龙胜各族自治县将近投入 5 亿元用于乡村旅游的公共服务设施和基础设施建设，包括新建了一批景区寨门、旅游集散中心、咨询服务中心、停车场、村寨石板路等；新建和改造广南侗寨、银水侗寨等地的旅游厕所42座，当地农民也在不同程度上享受到了良好的基础设施和生活环境。

3. 增加当地农民就业创业机会

乡村旅游扶贫项目根据贫困村庄的资源和特色，深挖少数民族文化内涵，结合农家乐、特色村寨、休闲农业等基础上，创新产业结合，将少数民族文化元素融合进旅游开发的过程中，提供就业岗位和创业的机会，景区的建设带动周边贫困群众自主创业经营农家乐、小旅社等，围绕乡村旅游，种植特色农业产品，旅游品牌带动农副产品品牌销售，扩大了贫困群众受益面，同时吸纳当地和周边贫困农户就业。据统计，目前龙胜各族自治县直接从事旅游业的人有2.5万，间接从事旅游业的人有5万多，覆盖建档立卡贫困群众比例达30%以上。

4. 给农民注入新思想和价值

有一些贫困地区是少数民族地区。少数民族地区通常有着丰富多彩的民族风俗、多种多样的民族服饰、特别的民族语言等都是不可轻视的旅游资源，之前可能由于交通受阻和信息的闭塞等原因无法被外界熟知，但是随着乡村旅游扶贫开发，完善了该地的基础设施，改变了原本落后的状况，这些特别的旅游资源得到关注和前所未有的重视和保护。当地的群众，在享受旅游带来的红利的同时，意识到这些少数民族的东西能够为他们带来增收，也会更加珍惜和保护，加上游客的来往，媒体的关注，还有少数民族旅游文化节的组织，少数民族文化得到了传播和弘扬。同时吸引学者对少数民族文化的历史和内涵的关注和研究，能够以文字的形式被记载和传承。游客的到来，同时带来了新的思想和文化，以及新的知识和生活方式，冲击少数民族地区的部分贫困群众守旧和满足现状的思想价值观，有助于提高他们追求美好生活、脱贫致富的意识，由内而外的自愿改变，实现减贫。

二、农地流转与农民权益

（一）国家政策支持

2005年3月，《农村土地承包经营权流转管理办法》提出了土地流转过程和各流转方式的具体操作流程和方法，为土地流转提供了政策依据和保障。2007年，我国《物权法》首次将土地承包经营权确定为物权，明确规定土地的承包户有权将土地进行不改变其所有权性质前提下的自由流转。2008年10月，《关于推进农村改革发展若干重大问题的决定》提出了土地流转中的条件规定，增强了土地流转的合法性。2011年，中央一号文件扩大土地确权登记试点范围。2012年和2013年的中央一号文件提出，要积极推进农村承包地的流转。2014年的中央一号文件提出，搞活农地承包权和经营权，农户可以把土地承包权作为物权财产向金融机构抵押，获得贷款，这对于农户而言是很大的资金支持；同年，国务院为促进农业生产规模化，针对农业生产规模小、生产散户多的问题，发布了指导文件。《关于引导农村土地经营权有序流转发展农业适度规模经营的意见》中指出，要逐步实现农村土地所有权、承包权、使用权等权利权权分离，为土地流转规范化提供了指导。同年12月，中央经济工作组会议以完善土地权利登记为主体，提出了加强对土地流转市场和平台的建立要求。这一决策为土地确权工作的推进和土地流转市场建设的推进提供了助力。2015年，中央再次提出，要对土地制度进一步地改革，深度明确农村土地多权分置的处理方式，使得农民土地使用权变得灵活。这样一来流转方式就变得多样化和规范化。同时，《深化农村改革综合性实施方案》文件还强调了土地流转应遵循土地所有制不变的原则，根据国家土地发展的部署和改革要求，稳健地推进制度改革。除此之外，政府还应积极完善相关政策方针，对土地承包户的土地经营权和财产权进行充分的保护。

总体而言，在土地流转方面，我国相关政策的规定主要是，加强土地承包经营权流转管理和服务，建立健全土地承包经营权流转市场，按照依法自愿有偿原则，土地流转形式可以多样化：允许农民以转包、出租、互换、转让、股份合作等形式流转土地承包经营权，发展多种形式的适度规模经营。有条件的地方可以发展专业大户、家庭农场、农民专业合作社等规模经营主体。土地承包经营权流转的根本要求是：不得改变土地集体所有性质，不得改变土地用途以及不得损害农民土地承包权益。在国家政策的引导下，我国农地流转的规模不断扩大，从2007—2016年，我国的耕地流转面积处于上升趋势，从2007年的0.64亿亩上升到2016年的4.71亿亩（见图3-1）。

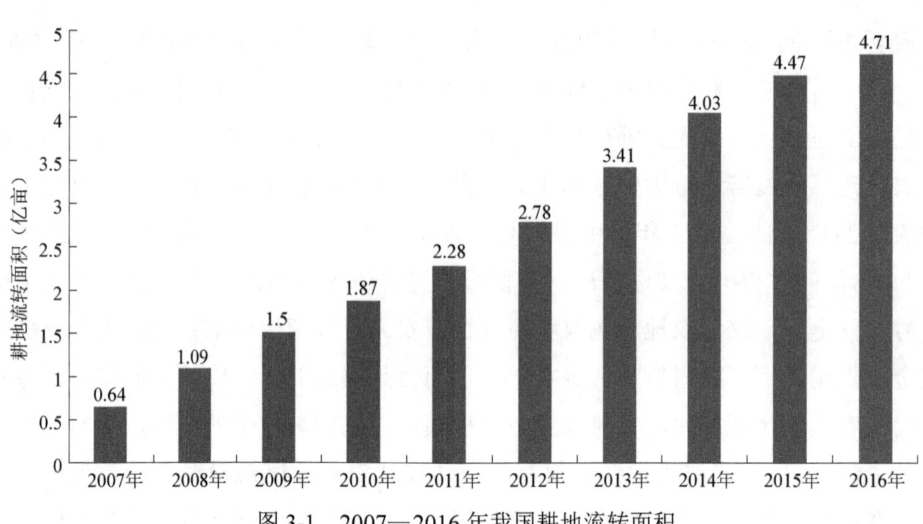

图 3-1　2007—2016 年我国耕地流转面积

（二）地方探索实践：案例分析

1.“合作社 + 农户”模式

在外打拼了 19 年的博爱县金城乡南庄村村民孙某回到了家乡。他投入 120 多万元成立了博爱县金城农机协作社，购进 30 多部大马力、最先进的拖拉机，玉米、小麦收获机等农机具，一次性流转金村土地 1160 亩，引来人们羡慕的目光。南庄村有 200 多户农民 900 多口人，土地 1400 多亩。没有整村流转土地前，南庄村常年在外打工的劳力有 100 多人，其中有 20 多户常年在外打工农民的近 100 亩土地撂荒。

（1）整村土地流转的平稳完成。

南庄村的孙某提出金城农机协作社（以下简称协作社）要流转全村土地时，那些常年在外打工或半在外打工的农民积极响应。协作社采用了目前当地土地流转最高的规范对农民给予补偿。一是农民把土地转包给协作社后，每年能够得到每亩 800 元的补偿金，国家给农民的各种补贴仍归农民所有。二是农民按每年每亩 800 元的酬金付给协作社，由协作社代为种地，农民不用动手每年可得到每亩 500 千克小麦、500 千克玉米的收益。三是协作社还承诺安顿土地流转后没有能力找工作的农民就业。在不到一个星期的时间内，全村 90% 的农户与协作社签署了 510 亩土地转包合同和 650 亩土地托管合同，共计 1160 亩，占全村土地的近 90%。

（2）大范围流转土地的高效运营。

整村土地流转为协作社成片运营土地奠定了基础，而协作社具有的充足资金又为完成高效农业提供了保证。协作社聘请广西农业厅农业专家为种植提供科学的指导，并且规划了高效农业种植园区。同时，广西农业厅农业专家每月前来给协作社的社员上课。协作社的小麦种类全部来自广西农科院，与过去农民种植的小麦相比，科学种植保证了小麦在气温低、病虫害多等特殊状况下不受任何影响。

协作社土地流转的第一年，经初步测算上半年协作社将有 100 万元的净收入。据悉，协作社曾经规划了“开心农业种植园”和“观光农业园”。“开心农业种植园”是拿出少量土地分割成一个个小方块，让市民前来种植，体验农业消费；“观光农业园”是集蔬菜、果树、养殖、餐饮、住宿为一体，进行农业休闲和农业旅游的开发。

（3）流出土地农民的有效转移。

该村 900 多人中劳力占 300 多人，其中强壮劳力 200 多人，100 多人为年龄偏大的半劳力。没有整村流转土地前，常年在外打工的劳力有 100 多人，剩下的 200 多个劳力在家务农。整村土地流转后，该村又输出打工人员 100 多人，剩下的 100 多个半劳力在协作社打工。对于农民家庭来讲，得到的是实在的实惠。对于协作社来讲，他们则应用南村的剩余劳动力，积极开展多种运营，在给该村劳动力提供就业平台的同时，也增加了协作社的收入。其中多种运营的年净收入为 100 多万元，加上农业方面的 200 万元收入，协作社全年共有 300 多万元的净收入。

2. 多种模式转“活”土地

金湖县塔集镇积极探索土地流转新模式，多种模式转“活”土地，推动现代农业集约化经营，促进了农业增产、农民增收。在土地流转中，塔集镇将结构调整、土地流转、生态旅游整合在一起开发，不断健全土地流转服务体系，鼓励农户通过转让、出租、置换、转包、转租等多种模式转“活”土地，并鼓励种植能手、经营大户带头承包土地。截至 2016 年年底，塔集镇已流转土地 36500 亩，占全镇土地承包面积的 92%。

（1）转变思想观念，增加农民收入。

旧习惯根深蒂固，承包土地流转困难。在外出务工、经商的农民中，宁愿把土地撂荒也不愿将土地流转出去。据调查，部分地方季节性的撂荒地约占耕地面积的 10% 以上。塔集镇把转变思想放在首位，不断提高农民对农村土地流转的认识，让农民认识到土地流转在城乡统筹发展中的重要性。加强对农村土地承包法律法规的宣传；加大典型引导力度，充分发挥外出创业有成人员和种田大户的典型示范作用。用身边的事教育身边的人，使农民看到实实在在的效果，从而转变思想观念，投身非农产业，加快土地流转。

（2）改变传统模式，实现经济与环境双赢。

2011 年，首批土地流转在陆河村展开，让当地的老百姓逐渐尝到了土地流转带来的好处。塔集镇进一步加快土地流转，着力改变“一稻一麦”种植模式，围绕塔集镇实际，在荷藕种植、特种水产品养殖上多做文章，扩大种养规模，提高种养效益，力争实现两个一万亩，即一万亩荷藕种植；一万亩特种水产品养殖。

双桥村荷藕种植基地是由塔集镇招引的中日合资企业扬州蓝宝石集团投资建设的，先后投入 1.2 亿元种植荷藕 4500 亩，安置当地农民就业 120 多人。种植基地的荷花在 6 月底就陆续开放，再加上是免费让游客参观赏玩，来观赏游玩的游客也是日益增多。“看荷花的人很多，每天有上百人，双休日人更多，许多都是带孩子来的。”据当地村民老朱说，荷花还未完全开的时候就陆续有游客慕名而来，现在荷花开了后，特地赶来赏花的人就更多了。

双桥村荷藕种植基地也让当地的“农家乐”“吸金”十足。盛夏来临，游客们一边赏花，一边品尝当地的特色美食，十分惬意，每一家“农家乐”都生意火爆。

（3）多元化发展，打响农产品市场。

在塔集镇岔河村，42 岁的村民徐庭江利用该村周边良好的林木环境，建起了林下生态养鸡场。“林下养鸡比起在外打工收入好多了。”说起林下养鸡，徐庭江满脸骄傲。徐庭江说，这些鸡从小在林地里放养，吃的是无污染的玉米、草料，精神头足。

5 年前，徐庭江在外地打工时发现，大城市里要购买到正宗土鸡很不容易，可是在自己的家乡，却是好景好水，土鸡肉质鲜美。于是他返乡，投资 60 万元搞起了林下养鸡场。在该镇农技员的帮助下，加上不断探索，徐庭江的林下生态鸡场发展到了 1 万多只土鸡，占地 50 亩，并通过土地流转，建立起了江丰禽业专业合作社。

“每一只鸡至少要在这里生长 500 多天，才能送上餐桌。”徐庭江采取林下放养和喂养相结合的养殖方法进行饲养，林地里的草籽、昆虫和自制的豆饼、麸皮是鸡的主要食品。加上生态环境好、活动场地大、土鸡的生长周期长，这些鸡的品质吸引了四面八方的客户。通过林下放养和喂养相结合的养殖方法进行饲养的本地土鸡，肉质鲜美，营养价值高，绝不含任何激素和人工添加剂，市场价高达每斤 28 元，土鸡蛋 1 元一只，仅 2019 年上半年，徐庭江家的土鸡和鸡蛋销售额就达 40 万元。

“林下养鸡的好处特别多，鸡不容易生病，鸡吃虫，树也不易生病，鸡粪还能壮树育树苗，一举多得。现在我们合作社有社员 59 人，建立了对外销售的网络平台，还在南京等地开设了门店，我相信以后的生意会越做越好。”徐庭江说。

塔集镇利用塔集滩涂、水面和林地多的优势，发展林下养鸡，水面滩涂养鹅、养鸭，扩大养殖规模，引导种养户注册农产品商标，打响农产品品牌，提高农产品增加值，促进农业增效、农民增收。

（三）农地流转促进农民权益

1. 农地流转促进农民收入来源多元化

农地流转促进了农民收入来源多元化，较大程度地提高了农民的收入。无论是流入还是流出，由农地流转的推进机制所决定，相比于没有参与农地流转的家庭，参与农地流转的家庭更可能是收入较多的家庭。对于流出土地的农民而言，收入从原来的单一化转向多元化，土地流转租金、在外务工的收入、非农业生产收入、在规模经营承租土地上务工收入、土地入股分红等这些收入来源都在不同程度上促进了农民增收。

2. 农地流转释放劳动力，增加非农就业机会

农地流转借助其对农村劳动力的释放效应成为农民增收的重要契机与条件。有学者从劳动力与土地的关系方面研究了农地流转对劳动力转移与就业的影响，认为农地流转通过提高农业生产率、弱化土地的保障功能、降低劳动力转移成

本，为农村劳动力转移创造了条件，解决了农村劳动力转移的后顾之忧。并且大量农村劳动力加入其他产业中，拓宽了知识面，提高了社会适应性和竞争力，提高了农民适应新环境中的能力。因此，农地流转带来的劳动力非农就业情况间接体现了农户家庭增收的可能性，能够成为农民可持续增收的关键点。农地流转在很大程度上释放了农村富余劳动力，流出土地的青壮年劳动力加入第二产业、第三产业，面对城镇化发展的各种挑战和机遇，提高了其劳动技能和综合能力，增强了其在城镇化中的竞争力。在农村留守的多数妇女、老人在合作社里务工或在基地大棚帮工挣钱，一天也有好几十元的收入补贴家用。把股份制引入土地制度建设，建立以土地为主要内容的农村股份合作制，把农民承包的土地从实物形态变为价值形态，让被解放的一部分农民获得股权后安心从事第二产业、第三产业寻求高收益。

三、农村集体建设用地入市试点改革与农民权益

（一）国家政策支持

党的十七届和十八届三中全会先后提出，“建立城乡统一的建设用地市场”“必须通过统一有形的土地市场、以公开规范的方式转让土地使用权，在符合规划的前提下与国有土地享有平等权益”，以及“实行与国有土地‘同等入市、同权同价’”。2013 年，国土资源部推动农村集体建设用地交易纳入国有土地市场等交易平台，探索农村集体建设用地公开交易。2014 年，国土资源部再次选择经济发达程度不同的区域开展典型试点，选择了 15 个农村集体经营性建设用地入市试点，试点数量占这三项改革试点总数的 45.5%，这次试点的内容主要是针对以往试点进展不理想的农村集体经营性建设用地抵押融资、集体成员资格划定、规划管理、土地增值收益的分配、城乡地价衔接等方面，试验就地入市、调整入市、城中村整治入市等多种入市模式。2017 年 11 月，中央全面深化改革领导小组决定将宅基地制度改革拓展到全部 33 个试点县（市、区）。

（二）地方探索实践

2015 年，广西北流市被确定为全国 33 个农地入市改革试点城市。北流市从 2015 年 3 月起实施“农地入市”改革，为完善农村土地制度探路，按照“能不征

就不征”“可入市尽入市”的原则，在摸清家底、培育主体、建章立制、统筹分配、防范风险、创新突破等方面下功夫，坚守“土地公有制性质不改变、耕地红线不突破、粮食生产能力不减弱、农民利益不受损”四条底线，探索建立“同权同价、流转顺畅、收益共享”的农村集体经营性建设用地入市制度和“程序规范、补偿合理、保障多元”的农村土地征收管理制度，推动构建城乡统一的建设用地市场。在具体实施工作中，北流市推动“农地入市”与征地改革相衔接，在集体建设用地入市用于公益、商住项目建设，新增集体经营性建设用地入市，分散集体经营性建设用地成片整治入市等方面探索创新。例如，一是整合零星农村集体建设用地入市。统筹平衡拆旧区和建新区的收益，合理分配土地增值收益，将零星、分散的农村集体建设用地复垦、整治后，通过异地调整到产业园区入市，进一步提高了土地利用效益。二是农村集体建设用地就地入市。2016 年 1 月，白马镇 2.68 亩农村集体经营性建设用地成功通过就地入市进入土地市场交易。三是农村集体建设用地旧村改造入市。2016 年 6 月，北流镇松花村 21 组 19.14 亩农村集体经营性建设用地通过旧村改造进入土地市场交易。截至 2018 年 7 月，北流市已完成农村集体经营性建设用地入市 79 宗，入市面积 4312.31 亩，入市面积是全国 33 个试点中最大的，成交款约 9.25 亿元，农村集体土地成功进入土地市场进行流转，进一步盘活了农村集体经营性建设用地，打破了“二元”土地管理机制，有效推动城乡一体化和新型城镇化建设。

北流市民安镇是玉林市劳务输出的大乡镇，但由于没有客运站，群众外出十分不便。2013 年，北流市决定立项修建民安镇汽车客运站，却因为土地问题一直无法开工。由于客运站项目地块归民安镇兴上村树新组集体所有，按相关规定必须先取得新增建设用地指标，把农村集体所有土地征收为国有土地后才能建设。但是由于城乡发展用地紧张，指标一等就是三年。直到 2015 年，全国人大常委会授权 33 个试点县市区实施农村土地制度改革试点，而北流市成为广西唯一的试点城市承担起农村集体经营性建设用地入市的改革试点工作。改革试点一推行，民安镇兴上村树新组集体经济组织成员同意土地入市。2015 年，客运站开始建设，2016 年 1 月 28 号试运营，这让村民在原本一年产值不过几千元的土地上得到了更大收益。民安镇兴上树村党委书记说：“客运站租用了 50 年，是群众的土地，群众受益很多。”

（三）农村集体建设用地入市改革与农民权益

第一，在改革农村集体建设用地入市中，根据土地的不同用途制定了四类调节金比例，保障了国家、集体、个人的土地增值收益三平衡，建立了合理的收益分配制度，让农民充分享受改革红利。例如，在《北流市农村集体经营性建设用地入市管理办法》中，明确政府收取的土地增值调节金比例和集体收益分配比例，确保农民权益，增加农民收入，村集体组织经济收益大大提高，增值率均在 92%以上，进一步释放农村土地改革红利，获得了农民群众大力支持。

第二，增强了农民土地财产性收入。集体经营性建设用地入市进一步显化了集体土地价值，通过入市，让村民在原本一年产值不过几千元的土地上得到了更大收益。33 个试点地区共获得入市收益 178.1 亿元。浙江省湖州市德清县已入市集体经营性建设用地 183 宗、1347 亩，农村集体经济组织和农民获得净收益 2.7 亿元，惠及农民 18 万余人，覆盖面达 65%。北流市共盘活农村集体建设用地 3340.7 亩，占同期供应建设用地总量的 33.73%；立项建设项目 108 个，预计总投资 583.5 亿元。“农地入市”后，显化了农村土地资产价值，增强了农民财产性收入和改革获得感，农民获得的入市收益显著提升，现金收益比改革前征地补偿现金收益提高 41.94%，获得的入市总收益比改革前征地补偿总收益提高 13.2%。

第三，增强了农村产业发展用地保障能力。通过农村集体土地入市改革，将存量集体建设用地盘活后优先在农村配置，为乡村振兴增添了动力。浙江德清县、河南长垣市、山西泽州县、辽宁海城市等地通过集体建设用地调整入市建设乡（镇）工业园区，为促进乡村产业集聚、转型发展提供了有效平台。

四、农村宅基地改革与农民土地财产权

（一）国家政策引导

伴随工业化和城镇化的快速发展，农村富余劳动力不断向城镇流动，在很大程度上导致了“空心村”和大量的宅基地闲置。为了提高土地利用效率和保障农民的土地财产权，国家从公共政策层面出台农村宅基地改革的相关制度。2004 年 11 月 2 日，《关于加强农村宅基地管理的意见》提出，各地要制定相应政策措施激励农民腾退多余宅基地，新建住宅后应按期拆除旧房退出宅基地。2008 年 1 月

3日，《关于促进节约集约用地的通知》明确强调，各地政府要先行安排利用空闲地、闲置宅基地为住宅建设用地，并可以给予自愿腾退宅基地或符合宅基地申请条件购买空闲住宅的农民奖励或补助。2012年2月23日，《关于积极稳妥推进户籍管理制度改革的通知》明确指出，农民的宅基地使用权和土地承包经营权受法律保护，现阶段落户城镇农民的宅基地可自行选择是否放弃，政府不得强制或变相强制收回。2015年1月，《关于农村土地征收、集体经营性建设用地入市、宅基地制度改革试点工作的意见》强调，我国农村土地制度改革进入试点阶段，各地需探索进城农民在本集体经济组织内部自愿有偿退出或转让宅基地的新型制度。2015年11月2日，《深化农村改革综合性实施方案》明确提出，在保障农户依法取得的宅基地用益物权基础上，探索宅基地有偿使用制度和自愿有偿退出机制，加快推进宅基地和集体建设用地使用权确权登记颁证工作。

（二）地方探索实践

2015年2月，我国确定了33个土地改革试点，其中重点开展宅基地制度改革试点工作的有江西省余江县、浙江省义乌市等15个县（市、区）。各地纷纷展开探索农村宅基地退出实践。

1. 云南省大理市：宅基地改革结合旅游城市特色

一直以来，大理市最大的问题就是历史遗留的违规超建问题，并且长期存在审批及管理农村宅基地等方面的种种问题。作为历史悠久的旅游名城，特色民居层出不穷，但是这些民居大都缺乏统一规划，道路等基础设施又很落后，造成村容、村貌脏乱差的乱象，极大影响了自然生态环境。

开展宅基地制度改革试点工作以后，大理市将自然生态环境保护作为宅基地制度改革的重中之重，在大理市的每个乡镇和村落，开展试点探索都是结合自身特色并各有侧重，如海东镇石头村探索宅基地自愿有偿退出、流转入股经营；银桥镇磻溪村探索多种形式的宅基地有偿使用方式；大理镇龙下登村探索宅基地使用权多用途流转与经营等。大理镇龙下登村通过一系列整改，重新修建的道路将原有的老村庄与集中划片修建的新居分割两边，村民按照新规划重新建起的具有白族传统风格的民居成为极具村庄特色的风景。

大理市始终坚持“一户一宅”的基本原则，并在宅基地改革试点的基础工作上下大气力做到精益求精，大理市将宅基地入户调查、成员资格认定、宅基地有偿使用情况、每一户宅基地的法定面积与实际面积、农户实际意愿等大量的基础信息都通过登记册、图表、展板清晰地反映出来。大理市对闲置的宅基地、非本集体经济组织成员占有使用的宅基地、不符合土地规划或村庄规划的宅基地、自然生态保护范围内禁建的宅基地，均实行有偿退出。

在宅基地改革过程中，作为宅基地所有者的村集体经济组织的权益也得到了体现，大理市政府出台的相关制度规定，对于小规模、多职业、一居多户和非集体经济组织成员，由于历史原因，通过继承房屋或其他手段占有使用宅基地的，由村集体一次性或每年收取有偿使用费。还规定，使用农舍从事旅馆、餐饮等商业活动，或通过租赁或投资宅基地从事商业活动，根据宅基地现有的使用面积，由村集体收集土地收益调整基金。

大理市的宅基地改革取得了较好的成效，其最大的亮点就是充分结合了自身作为旅游城市的特点。通过宅基地改革，大理市不仅解决了历史遗留下来的大量超占、乱建宅基地等问题，并且自然生态环境和乡村民族特色均得到了有效的保护，村容、村貌也得到了极大的改善。

2. 安徽省金寨县：宅基地制度改革与扶贫政策相结合

耕地资源紧张的金寨县是我国 33 个农村土地制度改革试点中的唯一一个国家级贫困县，它将宅基地制度改革与扶贫搬迁等相关政策结合起来，发挥出政策的叠加效应，有力地促进了脱贫攻坚，让当地村民看到了实实在在的利益，助推了当地供给侧结构性改革和新型城镇化进程。

金寨县在宅基地退出上是科学规划村庄的前提下，鼓励自愿有偿退出。自愿退出农村宅基地或者自愿放弃申请宅基地的，不仅可以获得退出补偿和房屋拆迁补偿，还可以享受相应的优惠奖励政策。如果选择在该镇购买商品房并承诺不申请新的宅基地，将获得房屋拆迁补偿和购房补贴。

金寨县的宅基地自愿有偿退出在老百姓看来，是一笔笔明白账，补偿加奖励，多种退出形式满足了农民不同的需求，让农民有充分的自主选择权，正像金寨县国土局副局长郑汉涛说的，想要让老百姓生活得更好，幸福指数更高，就要在实施工作的过程中把他们的想法考虑进去，并且要放在首位。

3. 浙江省义乌市：首先提出宅基地的“三权分置”

义乌市作为农村土地制度改革试点之一，2015年4月，在报告的农村宅基地制度改革试点实施方案中，在全国范围内首先提出农村宅基地所有权、资格权、使用权“三权分置”的制度构想 。2016年4月，义乌市委、市政府出台意见，明确在实现宅基地所有权和保障集体经济组织的成员权利的前提下，允许宅基地使用权通过合法途径有条件转让 。

义乌市的宅基地制度改革的进行是与城镇更新、村庄更新结合开展的。在城镇更新中，将城镇规划范围内的城中村通过打造集聚新社区的方式来进行宅基地改革，并试行城镇居住权益面积置换；在村庄更新中，宅基地改革同时结合美丽乡村建设，从而推动农村更新改造，探索宅基地资格权有偿调剂和转让。

在宅基地产权方面，义乌市试图通过经济手段有条不紊地转让宅基地使用权，有序处理历史遗留问题。义乌市规定：“对于超占面积少于36平方米、超建不超过一层的，列为轻微违法，经由村集体一次性收取20年的有偿使用费后，可允许农户办证。其他超占情形则属于严重违法，一律予以拆除。”义乌市政府还制定了试点政策，允许以合法方式转让宅基地。

在宅基地自愿有偿退出方面，为实现建设用地城乡统筹利用，义乌市积极探索宅基地有偿退出机制。主要是将农户自愿退出的宅基地等进行复垦或者再分配，经验收合格后规划为农村宅基地的，由村集体经济组织与农户谈判，回购价格参照宅基地基准地价确定；经验收合格后，可以转换为建设用地指数，即形成“集地券”。“集地券”可以通过金融机构申请抵押融资贷款，也可以在当地资源交易平台上通过多种方式公开交易，获得的收益在扣除成本后，在农户与村集体经济组织之间合理分配。

（三）农村宅基地改革与农民权益

1. 通过租赁盘活宅基地的“资产”功能

将农村宅基地改革与乡村旅游结合，通过租赁盘活了宅基地的“资产”功能。大理市大理镇是远近闻名的旅游乡村，通过宅基地或租赁或自营发展成为以餐饮小吃和民俗客栈，以及各种商服小店为主业的商旅小村，民宅大多为外地投资客租赁。村集体通过收取宅基地经营收益调节金等方式保障了村民的公共利益。

2016年，大理市银桥镇磻溪村开始试行对宅基地从事餐饮、民宿等经营活动征收收益调节金等政策，当年收取有偿使用费73.628万元，所收有偿使用费的70%用于环卫、道路、水电、绿化等村庄建设和村民公益事业。福建尤溪县半山村，引入资金修缮破旧的老屋，对外出租经营。第一年的经营不收租金，从第二年开始，利润三七开，村里得三成，经营者得七成。村里的三成再实行三七开，村集体得三成，房东得七成。这样的方式有力促进了新农村建设。

2. 通过有偿转让，盘活宅基地的“资产”功能

允许一定条件的农村宅基地使用权的有偿转让，唤醒沉睡的“资本”，凸显宅基地的资产属性。例如，义乌市宅基地可以在全市范围内跨集体经济组织转让，前提是必须拥有合法的不动产权证，且保证人均15平方米的自住面积。转让的宅基地使用年限最高为70年，并按宅基地基准地价的20%向村集体缴纳土地所有权收益。截至目前，义乌市已办理宅基地转让104宗，其中跨集体经济组织转让13宗，集体经济组织内部转让91宗。

3. 通过抵押融资，盘活宅基地的“资产”功能

要实现农户宅基地的财产权利，“变资产为资本”，就必须放开抵押的限制。近年来，部分地区尝试开展农房抵押，放开抵押是“资产变资本”的重要条件。例如，福建省晋江市农商银行与当地磁灶镇东山村村委会进行授信签约，对东山村内93户农房取得不动产权证书的村民批量授信，总授信金额1亿元。批量授信后，农房无须通过评估公司评估，可由借贷双方自主协商确定房产价值，再以审批后的房产价值办理抵押登记。

第四章

农民土地权益保障政策的国际经验与启示

一、国外土地征用政策

（一）典型国家的土地征用政策[①]

1. 德国土地征用政策

在德国，土地征用需要符合三个基本条件。一是土地征用目的必须是“公共利益”。二是必须与被征地主体进行多次协商，在协商未果的情况下才能动用征地权。三是征地必须保证被征地人的合法权益，做到公平合理。虽然德国法律未对社会公共利益范围进行明确限定，但是由于其他法律对私人土地或财产给予了充分的保护，因而使公共利益受到了限制。

德国的土地征用补偿范围主要由三部分组成：一是土地或其他标的物损失的补偿，其标准是以土地或其他标的物在征用机关裁定征用申请当日的转移价值或市场价值。二是营业损失补偿，其标准为在其他土地投资可获得的同等收益。三是征用标的物上的一切附带损失补偿。同时，为了充分保障被征地人的合法权益，各类补偿费由征用受益人直接付给补偿人。

---

① 本节内容主要参考了以下文献：曲福田．中国工业化、城镇化进程中的农村土地问题研究 [M]. 北京：经济科学出版社，2010；钱忠好．中国农村土地制度变迁和创新研究 [M]. 北京：中国农业出版社，2010；杜伟．失地农民权益保障的经济学研究 [M]. 北京：科学出版社，2009；金丽馥．中国农民失地问题的制度分析 [M]. 北京：高等教育出版社，2006；许迎春．中美土地征收制度比较研究 [D]. 杨凌：西北农林科技大学，2011；于学花．国外征地制度的特点与中国征地制度的创新 [J]. 理论探讨，2007（4）；国土资源部征地制度改革研究课题组．征地制度改革研究报告 [J]. 国土资源通讯，2004（11）；邹卫中．国外征地制度的发展趋势及其对我国的启示和借鉴 [J]. 成都理工大学学报，2006（1）．

2. 美国土地征用政策

在美国，征地必须符合三大要件：正当的法律程序、合理补偿、公共使用。《美利坚合众国宪法》规定："非依正当法律程序，不得剥夺任何人的生命、自由或财产；非有合理补偿，不得征用私有财产供公共使用。"

"美国征地程序主要有三个阶段，首先，由正式审核员在征得土地所有者同意后，实地调查并提交审核报告给负责征地的机构。其次，高级监督员进一步研究是否同意审核员提交的征地报告。最后，征地机构向土地所有者或相关利害关系人报价。若产权方对征地报价存有异议，可以与政府进行谈判，若仍不能达成一致，政府才会实施强制征用。"①

美国是典型的土地私有制的国家，美国法律规定，只要是为了公共目的的征地，必须给予"合理补偿"。基于"合理补偿"的理念之下，美国土地征用补偿不仅包括被征土地现有的价值，而且还考虑被征土地的可预期的未来价值，同时还补偿因征用而导致相邻土地所有者、经营者的损失。补偿的标准均以征用前的土地市场价格为计算，这在很大程度上保障了土地所有者的利益。

3. 英国土地征用政策

在英国，土地征用被称为"强制购买"。《强制征购土地法》规定，土地征用必须符合公共利益需要，征地部门证明该项目是"一个令人信服的符合公众利益的案例"，如证明该项目所带来的好处超过某些被剥夺土地的人受到的损失。

"英国对土地征用申请的批准极其严格。首先，召开公开调查会，听取对该项目动用强制征地权的意见。其次，派专员对该项目能否启动强制征地权进行评估。最后，由国务大臣确认此项目是否适用《强制征购土地法》，通过确认后才能进入征地环节。这一严格的申请程序，在一定程度上约束了政府的征地行为。"②

英国对土地征用的补偿有较为详尽的规定，包括土地征用补偿原则、补偿范围和标准、土地征用补偿的估价日期、补偿争议的处理等。英国土地征用补偿包括五个方面：一是土地的补偿，它是以公开市场价为准。二是残余地的分割或损

---

① 陈和午．土地征用补偿制度的国际比较及借鉴 [J]. 世界农业，2004（1）.

② 段文技．国外土地征用制度的比较及借鉴 [J]. 世界农业，2001（11）.

害补偿。三是租赁权损失补偿。四是迁移费、经营损失等干扰的补偿。五是其他必要费用支出的补偿，如权利维护费等。英国的土地征用补偿标准主要是根据征用之前的市场价格计算。

4. 日本土地征用政策

日本《土地征用法》明确规定，土地征用必须从公共利益出发，并采用概括兼列举式对公共利益进行了界定，公共利益界定十分具体、明确，且操作性比较强。

日本征地程序一般包括五大环节：申请征地、登记土地和建筑物、达成征购协议、申请征用委员会的裁定、让地裁定。首先，征地单位需要向建设大臣或都府县知事提出申请。申请被批准后，征地单位登记被征用的土地，并让被征地人签字，征地单位与被征地人签订购买协议，并请征用委员会确认此协议。最后，征用委员会对征地申请做出裁定。

日本的土地补偿主要包括五个方面。一是征用损失补偿，其标准是按被征用财产正常的市场价格计算。二是通损赔偿，主要是对土地权利者因征地而可能受到的附带性损失的赔偿。三是少数残存者赔偿，即对因征地使得人们离开生活共同体而造成损失的赔偿。四是离职者的赔偿，即对土地权利者的雇佣人员因土地被征用而失业时发生的损失赔偿。五是事业损失赔偿，即对公共事业完成后造成的噪音、废气、水污染等损失的赔偿。

5. 韩国土地征用政策

韩国《土地征收法》规定，征地要增进公共福利与私有财产的调节，必须为公共利益服务，并促进国有土地的利用、开发合理化与产业的发展。与日本相似，韩国也采用概括兼列举式对公共利益进行界定。韩国的征地补偿内容主要有：一是地价补偿，统一以公示地价为征收补偿依据。二是残余地补偿，即对因土地征用导致的残余地价值降低或因残余地须修建道路等设施和工程等给予的补偿。三是迁移费补偿，即对被征地上的定着物给予迁移补偿费用。四是其他损失补偿，即对土地征用致使被征者或关系人蒙受的经济损失给予相应的补偿（见表4-1）。

表 4-1　若干国家的土地征用政策比较

国家	征用主体	征用范围	补偿标准	备注
美国	州、市等地方公共团体	公共设施建设所需要的土地	以市场价格为标准	较少征用土地，以民间开发为主
德国	地方公共团体及法律规定的公共事业的实施主体	公共福利事业，实现地区规划所进行的事业用地，合理利用空闲地、用于补偿的调配地、文物保护用地	以鉴定委员会调查的市场价格为标准	
英国	中央政府的部、厅，地方政府，新城镇开发公司等公共团体	开发、再开发以及改良公共利益的事业所需要的土地	以市场价格为标准	以民间开发为主，较少进行土地征用
法国	国家和地方公共团体、公共法人、混合型公司	一般性社会利益事业用地，住宅地，协议开发区、保留地、换地等	以征地公布前一年市场价格为标准	较少征用土地，以市场收买为主
荷兰	公共团体	公共利益事业所需要的土地	以市场价格为标准	很少征用土地，以市场收买为主
马来西亚	州政府	州政府认为属于公共用途的矿业、住宅、农业、工商业等用地	政府确定的合理补偿	
瑞典	公共团体	实现地区性土地利用规划所进行的事业用地	以市场价格为标准	很少征用土地，以市场收买为主

资料来源：林善浪．中国农村土地制度与效率研究 [M]．北京：经济科学出版社，1999：108；金丽馥．中国农民失地问题的制度分析 [M]．北京：高等教育出版社，2006：80

（二）典型国家土地征用政策的启示与借鉴

国外许多国家在顺利开展征地、解决征地纠纷过程中积累了先进的经验。借鉴各个国家的经验对于改革和完善我国农村土地征用政策及如何最大限度地保障农民权益是大有裨益的。

1. 土地征用政策应充分尊重农民土地财产权益

尽管世界上大多数国家都以法律形式规定土地征用权是政府的特有权力，并且各国土地产权安排也各有不同，但在征地过程中都极为重视对农民土地财产权益的尊重，突出表现为：一是如美国联邦宪法规定“非依正当法律程序，不得剥夺任何人的生命、自由或财产”。二是严格控制征地审批权。虽然有的国家根据具体情况，有时会将土地征用权授予某些公共事业团体或公司，但它必须经过国家核准后才能征用土地，且核准的程序极其严谨。例如，英国对土地征用权的批准。先召开公开调查会，再指定独立督察员评估，最后由国务大臣确认此项目是否启动强制征地权。严格的征地权审批有利于约束政府的征地行为。

由于在征地制度设计时，充分考虑到对农民土地财产权利的尊重，所以，无论是确认征地目的、划定征地范围、还是设计征地程序、计算征地补偿标准，都能以保护农民土地财产权益为基本原则，这样的制度安排既保证了政府行使征地权的权威性和高效性，又使得被征地者的土地权益得到很好的保护。

2. 界定“公共利益”须明确、可操作性强

各国相关法律无一例外地规定“公共利益”是征地必须符合的标准，虽然界定存在差异，但都比较具体、清晰。例如，日本把征地仅限于依据《城市规划法》《河川法》《港湾法》等法律规定的公路、水库、堤防以及港湾建设，这一列举兼概括式的界定法严格限定了“公共利益”的范围；英国在征地前要确认该项目是否适用《强制征购土地法》，这属于严格论证式的界定法；德国通过其他法律给予私人土地或财产以充分的保护，间接限定了征地范围，保证了征地“公共利益”的实现。

3. 征地补偿应给予被征地者更充分、更完全的补偿

在制定征地补偿政策时，各国或遵循完全补偿原则或遵循不完全补偿原则，或遵循相当补偿原则。一般情况下，本着宪法对财产权和公平公正原则的保障，对特别的财产征用侵害给予完全补偿，对特殊情况可以准许给予不完全补偿。在确定征地补偿时，各国大多依据公平市场价，即以被征时土地在公开市场上能得到的公平市场价格为计算依据，这一依据容易让当事人双方都愿意接受。从发展趋势来看，征地补偿范围和标准均呈日渐放宽的态势，往往对被征地者所遭受的损失给予更充分、更完全的补偿。

国外典型国家的征地政策和实践给我国土地征用提供了有益的启示：借鉴其他国家在征地方面的成功经验，结合我国的实际情况，完善以下几个方面，保障征地顺利展开的同时最大限度地保障农民权益。一是构建征地目的的合法性审查机制，并运用司法审查权对行政机关的征收行为予以监督，防止政府滥用征地权，肆意侵占土地。二是建构公开透明的征地程序。由于地位和信息的不对称，在征地过程中农民的利益往往容易受到不当侵害。公开、公正、允许参与的征地程序，一方面，使得农民能够了解到相关信息，另一方面，可以将农民与集体的权利引入征地程序中，使得政权行使过程中受到一定程度的约束，这样行政权、集体与农民权利达到相对平衡，有利于保障农民的合法权益。三是逐步提高征地

补偿标准。充分借鉴大多数国家的做法，逐步扩大征地补偿范围、提高征地补偿标准。将土地补偿费、青苗及建筑物损失补偿费、残地补偿费等主要补偿项目的补偿价格参照当前土地市场的价格，按照最优利用的原则来确定，充分体现公平、公正。

二、国外土地流转经验

（一）典型国家的土地流转经验[①]

在国外，土地流转也有被称作“买卖、租赁、抵押”。一些国家土地流转的成功经验对我国农村土地流转的推进起到促进作用。

1. 美国土地流转：以市场调节为主

美国从 20 世纪 60 年代就开始关注农地流转问题。由于土地产权边界较为明晰，美国的土地流转主要是靠市场调节流转，土地买卖和出租均很自由。①流转的主要方式是租佃制，地主或自找使用者出租，或通过中介出租。在流转的过程中，大多只涉及土地使用权、经营权的有偿转让，转让的主体一般由政府与家庭农场主通过签订经济契约来实现。②政府还采用信贷支持、政策引导、利息调节、价格补贴等经济手段，通过各种优惠性政策，鼓励家庭农场扩大规模，促进土地进一步集中。土地所有者在土地转让、租赁、抵押、继承等各方面也都具备完全不受干扰和侵犯的权利，所以，在美国私有土地的侵权及土地合同纠纷很少发生。

2. 日本土地流转[②]：以政府调控为主

（1）政府通过完善政策促进农地流转。

1962 年，日本《农地法》第一次修改，开始允许农地出租和出售。1970 年《农地法》第二次修改，突破了土地占有和使用方面的限额，鼓励土地租借和流转，

① 本节内容主要参考了以下文献：苏世海．国外土地流转及对农民利益保护措施的比较与借鉴 [J]. 劳动保障世界，2010（7）；熊红芳．美国日本农地流转制度对我国的启示 [J]. 农业经济，2004（11）；华彦玲．发达国家土地流转概况 [J]. 新农村，2007（2）；高杨．农村土地流转的国际经验及对中国的启示 [J]. 世界农业，2012（1）；范怀超．国外土地流转趋势及对我国的启示 [J]. 经济地理，2010（3）；史卫民．国外农村土地流转的经验与借鉴 [J]. 经济纵横，2009（7）.

② 熊红芳．美国日本农地流转制度对我国的启示 [J]. 农业经济，2004（11）.

倡导以租赁为主的规模经营。1970年，创设农业人养老金制度，提倡土地转让和相对集中，鼓励扩大土地经营规模。1975年，日本修改了《农业振兴区域整备法》，旨在促进农业经营发展和农地的有效利用，用法律确保农民安心贷出土地，促进农地流动。1980年，颁布了《土地利用增进法》，通过缩短土地的借用期来解除土地贷出者"担心租借出的土地到期收不回来"的后顾之忧，建立了让借出人放心租出土地的制度，同时还进一步鼓励农户出租、出卖或放弃土地。1999年，又颁布了《新农业基本法》，建立起一套促进土地集聚和转移到专业农业生产单位的制度，鼓励其他经济主体参与农地经营，并注重财政、税收、金融等配套手段的运用，为土地产权流动创造社会条件，使农地资源尽可能向核心农户集中，这在很大程度上促进了农地的规模化经营。这一系列政策的出台和实施，取得了显著的效果，土地流转率明显提高。

（2）政府通过中介组织促进农地流转。

政府一方面，通过建立民间中介组织促进农地的合理流动和利用，如农业委员会、农业协同组合（以下简称农协）、市、町、村及农地保有合理化法人。目前，日本绝大多数的农户参加了农协，它成为土地流转过程中最重要的媒介。另一方面，极其重视对中介组织的培育与扶持，专门成立由各县政府、市政府、町政府、村政府及农协联合组成的合作经济组织，其主要业务是接收与租出的农地，它们所需资金则来自于国库补助金。日本的中介组织很大程度上起到了加快土地流转速度，提高土地流转成功率的作用。

3. 德国土地流转：政府和市场共同作用

德国的土地流转比较顺畅，在土地流转过程中，政府和市场共同发挥作用。①制定相关政策促进农地规模化经营。1955年，政府制定《农业法》，鼓励土地合并经营，在政策上促进了经营规模的扩大，允许土地自由买卖和出租。继而政府又出台《土地整治法》，调整零星小块土地，使之集中连片，农场规模明显扩大。②利用信贷、补贴等经济手段来调整土地结构。凡出售土地的农民可获得奖金或贷款，以帮助其转向非农产业。在经济手段的激励作用下，土地租佃关系呈上升趋势。③重视农业合作经济组织以保障农民利益。德国非常重视农业合作经济组织，1867年就制定了第一部《合作社法》，后经多次修改完善，其合作经济组织反映了农民的社会经济利益，农民的根本利益得到了保障，对促进土地流转和规模经营起到了积极的作用。

4. 法国土地流转[①]：政府引导

从20世纪20年代以来，法国政府十分重视土地流转，实施一系列措施推动土地集中，促进规模经营。一是减少农村富余劳动力。20世纪70年代初，政府设立“非退休金的补助金”，一方面，鼓励到退休年龄的农场主退出土地，给年龄在55岁以上的农民一次性发放“离农终身补贴”，出让的土地主要用于扩大农场规模；另一方面，鼓励部分青年农民到工业、服务业去投资或就业，政府给予奖励性的赔偿和补助等。二是降低土地流转的交易费用。政府鼓励父子、兄弟农场以土地入股，联合经营，并予以税收优惠；对农民自发的土地合并减免税费；为符合条件的农户购买土地提供低息贷款等方式，鼓励建立适度规模的中型家庭农场；对弃耕和劣耕者，国家要么提高其土地税，要么让其出租。在法国，由于政府的有序参与和有效引导，大大促进了农地的有效流转，扩大了农场的经营规模。

5. 俄罗斯土地流转：以政府调控为主

在俄罗斯，农民是以股份的形式即公共所有土地的权利份额获得土地权利的，土地仍由农业生产单位来管理，所以土地流转进行不顺畅。普京执政后积极探索适合俄罗斯国情的农业生产组织形式，探讨土地自由买卖制度。2001年，实施了《俄联邦土地法典》，有效解决了土地所有制、使用者权利义务以及土地流转等问题。2002年出台了《农用土地流通法》，规定农地可自由流通，明确了农民所获土地份额及所有权等。2005年，颁布的《俄罗斯联邦土地法典》修订案进一步阐明了，国家对土地进行监控、管理开发建设的立场，使土地市场化流转有法可依。2007年，俄罗斯的杜马三审通过了《农用土地流通法》修正案，延长了土地合同租赁期，提出了简化农民办理土地权手续的新规则，有利于农地流转。

（二）典型国家土地流转的启示与借鉴

1. 土地流转需要政府调控

尽管各国家土地流转的程度和方式不尽相同，但有一点是相同的，土地流转

---

① 陈强胜. 美、法、日农地制度的比较及对中国的启示 [J]. 经济纵横，2008（2）.

都不同程度地受到国家的管理和调控。例如，日本为解决小农经济带来的土地分散问题，促进土地自由转让，政府制定《农业基本法》，放宽对土地买卖的限制，扩大规模经营。后来因出现地价上升和农民兼业化现象，日本政府又不失时机地从鼓励土地买卖转变为提倡租地，引导农民走规模化经营道路。国家合理有序的介入有利于土地流转实现规范化，有利于土地的合理流动和高效利用。如果土地流转没有国家的有效管理和合理规划，势必造成土地的兼并和资源的浪费，农民利益受损。

2. 土地流转要切实保障农民利益

根据各国土地流转的实践，他们都有适合自身特点的土地流转之路。但土地流转较为成功的国家都有一个共同点，在结合农业发展和保障农民利益基础上，制定相应的政策，为土地流转创造良机。土地流转在促进土地规模经营的同时不可避免地使一部分农民失去了土地的经营权。能否对这些人进行合理的补偿和妥善安置成为土地流转能否顺利进行的关键。根据各国的经验，他们普遍的做法是对提前退出农地经营的农民给予必要的经济补贴。例如，英国对小农场主的补助金、终身年金，对丧失土地开发权的土地所有者的补助金。同样，我国当前推动农地规模经营也需要符合比较利益的原则，对农民退出农地经营的机会成本予以补偿。我国土地在相当程度上，还存在社会保障的功能，所以要使退出农业的这部分农民，有足够的替代性社会保障，以解除他们的后顾之忧。

3. 土地流转要有健全的法律体系作保障

土地是一种稀缺资源，即便在土地私有制的国家里，也是需要完备的法律体系作为有力的支持。日本通过一系列法律对土地流转做出了详细的规定；美国则是通过完善市场的交易规则和交易秩序来管理土地流转。我国现在土地制度流转的法律还很不完善，大多是对土地流转的原则性规定，对流转的具体程序和步骤还没有详细的规定。因此，我们应该加大土地流转的立法工作，使我国土地流转真正有法可依。①要通过立法明确土地流转中受益方的权利，实现国家、农民和第三方利益的公平。只有各方权利均衡，结果才会实现公平。②通过法律保证土地流转不会造成国家耕地的减少，对国家粮食安全造成威胁。③在目前条件下，要通过法律来保证土地流转在农业内部进行，防止土地兼并和大量失地农民的产生。④通过法律规范土地交易市场，保证土地流转的公平、合理。

4. 土地流转可借用中介组织的作用

通过建立官方或半官方的中介服务机构来促进土地集中和规模经营是各国的普遍做法。政府在政策、税收和资金等方面支持土地流转中介组织，积极引导土地流转方向和发展经营规模。日本的农业合作组织是农地流转过程中的重要中介，它是一种更高层次的合作，可以使大面积土地集中连片经营。我国当前的土地流转还处于初级阶段，土地流转的各种配套制度还没有建立或者还很不完善，严重影响着我国土地流转的进行和发展。当前可以根据实际情况，适时建立一些不以盈利为目的土地流转中介组织，结束农村那种分散的、小规模的、民间的土地流转形式，实现土地流转的正规化、制度化，要通过这些中介组织对进行土地流转的农民进行政策性扶持，确保他们不会因为土地流转而降低生活水平。

三、国外农地制度改革

世界各国都在不同时期、以不同方式对农地制度进行改革。分析并借鉴国外农地制度改革的经验是有益的，特别是对转型期中国的农村土地制度进一步改革将有积极的借鉴意义。

（一）典型国家农地制度改革经验[①]

1. 日本农地产权制度改革

“日本现今以私有制为主、小规模家庭占用、合作化经营的农地所有权制度主要是经历了三个阶段的改革后确立的。第一阶段：政府采取强硬措施废除封建半封建土地所有制，确立自耕农[②]体制”，实行耕者有其田的小规模家庭占用和经营，农地所有权和使用权结合。1946—1949年，日本政府低价收购地主的土地，

① 本节内容主要参考了以下文献：赖泽源．比较农地制度 [M]. 北京：经济管理出版社，1996；胡长明．国外农地制度改革及对我国农地制度创新的启示 [J]. 农业经济问题，2005（9）；林善浪．国外土地产权的发展趋势及其对我国农地制度改革的启示 [J]. 福建师范大学学报，2000（1）；赵涛．中外土地产权政策比较分析 [J]. 国际经济合作，2007（4）；陈强胜．美、法、日农地制度的比较及对中国的启示 [J]. 经济纵横，2008（2）.

② 自耕农是指耕地面积的 90% 以上为自耕地的农户，是农业经营、农业劳动、农地所有三位一体的自耕农户。

并将收购的土地低价专卖给佃农，实现了“耕者有其田”，建立了农民土地所有制，推动了农民农业生产的积极性。为了维持改革成果，1952年，日本政府出台了《农地法》，“把农地的权利转移管制、转用管制，限制佃耕地所有、调整租赁合同关系、政府征收出售开垦用地等进行限制，形成了以小规模家庭经营为特征的农业经营方式”①。

第二阶段：放宽土地所有权流转限制，提倡土地转让和相对集中，鼓励扩大土地占用规模。由于《农地法》对农地管制得过死，限制了土地的合理流动，农业结构陷入僵化状态。为了扭转这一局势，1961年，日本政府出台了《农业基本法》，放宽对农地占用的限制，鼓励农地向“中心农户”集中，对农业结构进行有效的调整，并促进了农地流转。

第三阶段：农地改革的重点由所有制转向使用制度，在农地小规模家庭经营占用的基础上发展协作企业，扩大经营规模，鼓励农地所有权和使用权的分离。1980年，《增进农用地利用法》的出台和实施使得日本的农地制度迎来了管制和促进流转并存的新时代，以租赁为主要形式的农地规模经营战略获得了成功。1993年，日本政府又制定了《农业经营基础强化法》，进一步加强了农业经营基础。该法实质是以农地制度为基础，以培育“农业经营体”为目的。

从日本农地制度的发展过程来看，可以清楚地看出日本农地改革的理念是，“自耕农”——“自立经营”——“农业经营体”。日本土地改革的路径是经历了在以家庭经营为主体的基础之上，实施土地“分散”经营到规模化经营的过程。

2. 俄罗斯农地私有化改革②

俄罗斯的农地私有化改革主要经历了四个阶段。第一阶段：通过立法为土地私有化改革提供法律依据。1991年4月，《俄罗斯联邦土地法典》出台，明确规定土地的国家所有制、私人所有制、集体所有制等多种所有制形式可以并存和平等发展，这就取消了国家对土地的垄断，实行土地的非国有化。第二阶段：大规模土地私有化。这一阶段主要是按照1991年12月《关于实行土地改革的紧急措施》和1993年10月《关于调节土地关系和发展土地改革》的两项总统令大规模实行土地私有化，全国从上到下成立专门从事土地私有化改革的机构。第三阶

① 陈英．日本农地制度对我国农地制度改革的启示[J]．学术交流，2004（5）．
② 傅晨．俄罗斯农地制度改革及其对我国的启示[J]．学术研究，2006（1）．

段：实现土地份额和财产份额所有权。具体做法，首先，是发放确认土地和财产份额的所有权证书；其次，是在土地和财产份额的所有者和使用者之间签订土地和财产使用合同；再次，是编制土地和财产拍卖宗类表，通过生产单位内部拍卖来分配土地和财产；最后，是将土地和财产转给新的所有者并发放所有权证书。第四阶段：2001 年以来，从法律上确认农用土地的私有化和流通，主要是以《俄罗斯联邦新土地法典》和《俄罗斯联邦农用土地流通法》为主。

俄罗斯农用土地私有化改革，由原来的单一公有制改为以土地私有制和集体所有制为主、多种所有制共存，突破了土地抵押和买卖的禁区，改组了集体农庄和国有农场，建立了多种新型的经营组织形式，同时建立了大量农户经济。不可否认，这些改革有积极影响的一面，但从总体上看，对农业的改革没有取得实际的成效，远没有达到改革所预期的效果。

3. 越南土地改革

越南的土地改革和我国走过了大致相同的道路，其成功和教训对我们都是有所启发和帮助的。1954 年，越南恢复和平之后，越南北方进入社会主义过渡时期。当时越南共产党认为，“过渡时期，要把非社会主义的生产关系改造成为社会主义的生产关系，需要通过土地改革废除土地的封建占有制，实行‘耕者有其田’”。基于这样的改革意识，越南国会通过了《土地改革法》，通过土地改革废除了地主阶级占用土地制度。在“农业集体化是走社会主义道路，社会主义改造的关键是农业合作化”的理念指导下，成千上万的农业合作社如雨后春笋般地应运而生。农业合作社体制问题很快就暴露出来，平均主义、吃大锅饭等弊端使农业生产停滞不前。面对粮食急缺的现实状况，迫于生存压力，1975 年许多地方的农民自发实行“家庭承包”，1980 年农业承包制得到越南政府的肯定并得以普遍实施。继之，越南政府出台政策规定平均分配土地，均分土地原则不仅使土地分割得更零碎，而且刺激人口增长。在人口膨胀与耕地减少极其尖锐的矛盾下，1993 年越南革新宏观调控政策，规定了农户的土地使用权包括转换、转让、继承、租赁、抵押的权利。1997 年，国会通过《土地法》把这些权利以法律形式确定下来，给农户更大的自主权，对农业生产起到推动作用。

越南的土地改革的道路和我国基本相似，只是比我国迈得步子大一些。它的成功和教训对我国农村土地进一步改革起到一定的镜鉴作用。越南的土地改革实践表明，农业生产关系的发展不能超越生产力的发展水平，当前以家庭为主的生产方式仍然是农业生产的基本单位。

（二）典型国家农地制度改革的启示与借鉴

1. 城乡统一的土地市场有利于保障农民土地收益

美国、日本都是实行土地私有制，存在统一的土地市场，土地所有者和使用者可以完全获得土地转让收益。国外土地私有制下统一的土地市场可以实现土地产权相关方的利益获得，所以私人土地侵权和土地纠纷较为罕见，这对解决我国的征地问题以及农地非农化的矛盾有很大的借鉴意义。我国可以在公有制的基础上实现城乡一体化的土地市场，保障农民充分享受工业化和城镇化发展的成果。

2. 土地产权改革从偏重土地“所有”到重视土地“利用”

美国、日本包括越南在土地改革的过程中，都会逐步放松对农地产权流动的管制，实行农地产权流动的自由化、市场化，充分发挥市场机制在农地资源配置中的作用，使农地资源在市场机制的作用下，由低效率使用者向高效率使用者移动，实现农地的规模化经营。随着社会经济的发展，以所有权为核心的产权制度日益显得不适应。因为这种产权制度的立足点始终在于保护所有物的静态归属，极大地限制了非所有者对资源的利用，无法兼顾所有者和非所有者两方面的利益，不符合社会公益也不适应社会的发展。要改变这种状况，这就要求制度安排注重资源的有效利用，土地的有效利用要求土地能够流转。这样的产权调整有利于构建一个体现社会成员对效率和公平的追求并为社会所认可的利益机制。

第五章
我国农民土地权益保障政策的优化

一、农民土地权益保障政策问题构建的优化

（一）摈弃传统发展战略，加大“工业反哺农业”

根据世界各国经济发展规律，工业化发展之初需要农业扶持工业、农村支持城市，而到了工业化完成阶段，就应该反过来，由工业支持农业、城市支持农村。毋庸置疑，我国的农村土地资源确实在我国的改革和发展中提供了不可替代的基础性资源和动力。随着我国工业化和城镇化的高速发展，现如今，我国的工业化发展已达到相当规模，成为世界第一制造大国，已然具备工业反哺农业的条件，正逐步进入大规模反哺期。各级政府应当摈弃工业化倾斜发展战略，积极贯彻执行中央制定的“少取多予”政策。要从宏观政策层面上，更好地处理农村改革与农民土地权益问题，摈弃急功近利的“土地财政”策略，最大限度地保障农民土地权益。要从公共政策层面加大反哺力度和范围，帮助农民提高农业生产力，保障农民增收。在城镇化发展进程中，必须保障农民有机会科学合理地分享土地增值收益，保障农民的土地发展权益。凡是已具备向农业提供工业剩余能力的城镇，如果征用城郊农民的土地，必须确保农民利益得到合理补偿，同时以各种方式支持农民重新就业，最大限度地保障我国工业化和城镇化的发展成果惠及农民。在化解城乡二元体制下优化农民土地权益不仅要做到更有效的保障农民土地权益，还要改革和消除所有歧视农民和不利于农业发展的政策，建立公平合理的制度，平等地对待农民，确实保护农民的土地权益。现阶段要加强制度建设，为维护农民土地权益提供制度保障。

（二）提高农民土地权益保障政策制定者的素质

政策问题构建是政策制定者对客观存在的问题的主观认识过程，没有良好的素质则可能导致问题构建错误。因此，为科学合理地构建农民土地权益保障问题，需要加强政策制定者的综合素质，尤其加强理论素养、方法掌握、实践经验三个方面。一是加强政策制定者的理论素养。农民土地权益保障政策的分析过程需要政策制定者具有一定的理论素养，他们的价值观、理论基础会在不同程度上影响问题的分析。二是加强政策制定者的政策分析能力。政策问题构建的准确性与政策制定者的分析能力息息相关。因此，需要政策制定者掌握科学有效的政策分析方法，避免使用低效的政策制定技术，这样才能准确地构建农民土地权益保障政策问题。同时，还要加强政策制定者的信息获取能力，如果政策制定者的信息敏锐性不高，难以及时准确地洞察到公众关注的社会问题，这将影响农民土地权益问题构建的及时性和准确性。三是重视政策制定者的实践过程。政策制定者的洞察力和创造力对政策问题的构建同样重要，而洞察力和创造力又与经验的积累密切相关。如果参与到政策执行的过程，才有可能了解到一些突发性的或者具有时空性的土地问题如何应对或者如何处理。那么，农民土地权益保障政策制定者需要有相关实践基础，否则仅以理论为基础容易导致政策缺乏操作性。四是加强政策制定者的自律性。政策问题构建出现纰漏与政策决策者的自利性有关。政策决策者也是一个理性的“经济人”，也会追求自身利益的最大化。在自身利益、政府利益与公共利益的优先次序上，他们不可避免地把自身利益放在首要的位置上。正如卢梭所说：“按照自然的次序，则这些不同的意志越是能集中，就变得越活跃。于是公意总是最弱的，团体的意志占第二位，而个别意志则占一切中的第一位。因此，政府中的每个成员都首先是他自己个人，然后才是行政官，最后才是公民。”[①] 因而，政策决策者在确定哪些社会问题应该进入政策议程时，不可避免地会考虑自身利益，并把那些能够增进自身利益的政策问题优先纳入政策议程。因此，农民土地权益政策制定者需要具有高度的自律性。

① 卢梭．社会契约论 [M]. 北京：商务印书馆 2003：79.

二、农民土地权益保障政策制定的优化

（一）完善相关法律法规，保障农民土地权益

农民土地权益保障，需要相关法律作为支撑。我国如何在工业化、城镇化的背景下改革现行农村土地法律制度，以符合社会发展的需要，并切实保障农民土地权益，是当前重要课题。尽管我国针对土地问题已出台了一系列的政策法规，但与工业化和城镇化发展相适应，并能有效保障农民土地权益的法律法规，还是有所欠缺。因此，亟须优化相关法律法规。可以从以下两方面着手：一是完善土地征用的相关法规。我国相关法律已经规定，征用集体土地应依法给予被征地者补偿，保障被征地农民的生活，维护被征地农民的合法权益。但目前土地征用的法律法规未成体系，土地征用的专门法律规章尚未出台。因此，可以考虑制定专门的《土地征用条例》，从法规层面上充分保障农民的土地权益。二是出台相关法规，允许农民分享工业化发展成果。农民是否能以土地权利享受工业化和城市镇发展的成果，关系到农民的切身利益。当前亟须相关法律法规尽快出台，以让农民尽早能以土地权利享受工业化和城镇化的发展成果。

（二）健全财税体制，解决地方政府对“土地财政”依赖

解决当前地方政府对土地财政的依赖成为保障农民土地权益的核心。首先，建立与地方政府事权相匹配的财政体制，为地方政府开辟稳定的财政来源。应该根据地区所处的主体功能区来确定事权和财权范围。处于优化开发区域和重点开发区域的地方政府，现行分税制可以为其提供足够财力，应完全承担基础设施等区域性公共服务的提供职责，承担一定比例的义务教育、公共卫生等全国性公共服务的提供职责；处于限制和禁止开发区域内的地方政府，由于淡化了经济目标，缺乏足够的自有财力水平来维持现有事权支出。就财权划分而言，应将处于该主体功能区的省级政府的税收收入全部划给省级财政，如果还存在财政缺口，再由中央财政转移支付来补足。

其次，规范土地出让收入管理，降低地方政府对土地出让金的过度依赖。目前土地出让金全部归地方政府所有，某种程度上助长了地方政府对土地出让金的依赖和扩大土地出让的短期行为。一是可以考虑在土地出让金中划出一定的比例

专门用于土地收购补偿和被征地农民的社会保障，对这部分资金实行收支全额预算管理，由政府机构直接向被征地农户支付征地补偿费，逐步提高结余资金应用于农业土地开发和农村基础设施建设的比重。二是从土地出让金中划出一定比例作为专用基金，规定其不得作为政府当期收入安排使用。土地出让金是未来40—70年土地使用期的地租之和，本届政府获得的土地出让金，实际上是一次性预收并一次性预支了未来40—70年土地出让收益总和。从土地出让金中划出一定比例作为专用基金，并规定不得作为政府当期收入安排，留作以后年度地方政府安排使用。

（三）改革征地制度，从源头上保障农民土地权益

我国已进入工业反哺农业阶段，应当出台相关政策保障给予农民更科学合理的补偿，对农村征地制度进行深化改革。

一是理清机制设计的理念。理清机制设计的理念才能更好地从公共政策层面保障农民的土地权益，诚如，2017年8月28日，国土资源部住房城乡建设部出台了《利用集体建设用地建设租赁住房试点方案》，提出了集体经济组织可以通过自行开发运营、联营、入股等多种方式建设运营集体租赁住房或者共享度假小院，这一政策兼顾了政府、农村集体、企业和个人利益，平衡项目收益和征地成本关系。这意味着政府向社会大规模转移土地红利，对农民而言是重大福音。

二是制定科学合理的被偿机制。当前要深化改革农村征地制度，亟须制定一个科学合理的补偿机制，这也是农民土地权益得到保障的基础。①征地补偿必须考虑土地对农民的保障功能，最低限应能保障农民的基本生活水平不下降。征地补偿应该给予农民在这些权利上的合理补偿。②征地补偿要体现农民合理分享土地用途转移的增值部分。土地使用权在转让过程中，包含土地用途变更和社会经济发展而引发的土地收益的自然增值，这其中也应该包含土地征用中集体和农民的利益。这部分增值理应由国家、集体和农民共同获得。

国家与农民间的土地权益边界在国际上有着不同的划分方式。在实行农地公有制的国家里，既有苏联的农地国家所有、收益集体共享的农地权益制度，也有中国式的农地集体所有、开发收益国有的农地权益制度。如果要真正做实我国的土地开发权制度，过去需要具备什么样的历史文化和习俗积累，现在和将来需要具备什么样的社会支持条件？这些问题需要深入地研究，需要有利益相关者的

综合视角，需要兼顾社会公平。现在迫切需要做的，是面对现实困境，不能单纯地剥夺农民从土地上获得的非农收益的权利，我国的农地权益制度，还需要和农业现代化和农民的社会保障集合起来，和城乡统筹发展结合起来综合考虑。

三是明晰“公共利益”范畴，限制政府滥征土地。清楚界定土地征用的“公共利益”范畴，可以有效避免地方政府非公共利益的圈地行为，保障农民的土地权益免遭侵犯。界定“公共利益”的方式包括概括式、列举式和概括列举兼采式。我国可改为采用列举法。在总结我国土地征用实践中经验教训的基础上，制定较为详细的公共利益事业范围。主要包括：公共卫生及水源；公共道路交通；灾害防治；教育事业；环境保护；国家规定的其他公共利益，但不包括商业目的。在正面列举公共利益范围的基础上，再利用排除法把不属于公共利益范围的项目排除掉，地方政府征用农村土地时，严格按照这一范围进行。

同时，运用“比例原则”定量设计“公共利益”边界，主要通过公益与私益的量化比例，来进行适度判断。它要求政策执行过程中兼顾政策目标和政策对象的利益，如果实现政策目标对政策对象的利益造成消极影响，应使这种消极影响尽量限制在最小范围内，保持两者处于适度比例。我国正处于工业化和城镇化快速发展阶段，如果把征地范围完全局限于“公益性”项目，可能不利于地方经济发展。所以，在一定程度上，可以允许一些商业性、经营性项目征用土地，但必须对其征地范围加以严格规定，避免侵害农民的土地权益。引入“比例原则”对公共利益进行定量设计，注重利益的相对均衡性，是现代社会有效遏制行政自由裁量权滥用的有力工具。例如，某一商品房开发需要征地，运用比例原则进行评估，这个项目的公益是扩大城镇化范围，为市民提供一定规模的住房，与此同时会造成农地流失，部分农民失去土地，并且有可能引发社会不稳定。通过对积极作用与消极影响的比较，发现不符合比例原则，即不能把消极影响缩到最小范围，此项目就不能批准征地。通过“比例原则”定量设计政府征用农村土地的范畴边界，不仅能有效防止政府恶意圈占、滥征土地的行为，同时也符合我国现阶段工业化、城镇化快速发展的实际要求。

（四）推进农村宅基地改革

我国在城镇化进程中引导农户有序流转农村宅基地，使其分享城镇发展和土地增值带来的收益，平衡地方政府利益、村集体利益与农民宅基地权益。

第一，制定宅基地改革的相关条例及利益分配方案。一是根据我国的实际情况制定农村宅基地流转的相关法规，对流转主体、流转程序等细节性问题作出规定。同时，还要制定违法交易和相关问题的处理措施。二是制定宅基地流转的收益分配方案。制定相关政策来调节国家、村集体和农民的利益。国家作为管理者，利用税收调控流转收益。宅基地所产生的增值收益归村集体，农民的收益从集体收益中分配。

第二，设计农村宅基地流转政策。农村宅基地制度的改革与农民的利益密切相关。宅基地政策的设计要突破宅基地流转的限制，发挥农村宅基地的资源价值。基于此，本书认为对于流转模式的相关规定，可制定基本政策，但允许各地以此为基准出台适合本地实际的流转模式的条例，不应对农村宅基地流转模式进行“一刀切”，从政策层面保障农民的宅基地利益。

三、农民土地权益保障政策执行的优化

（一）加强征地过程的透明度，健全征地监督机制

1. 加强政策执行中的农民参与

第一，保证在征用农民土地的过程中，农民有充分的知情权和参与权。政府在提出征地申请时，先要进行公告，让农村集体组织或农民对其合理性和合法性提出质疑；在批准后，要再次公告，并就征地补偿费等问题与村集体和农民进行协商，若有争议可以申诉和申请仲裁。为此，必须建立专门的土地法庭或土地法院，公正仲裁征地纠纷。第二，加强征地过程的规范和透明性。让被征地农民参与征地过程，以保证他们对土地的使用权、处置权等得到充分尊重，权益得到有效保障。政府切实履行征地程序中的告知义务，要加强征地的民主程序，提前公告、民主协商，尤其在土地能否被征用、土地征用补偿费的确定等问题上，应该组织征地机构与土地相关利益人进行谈判，充分听取被征地的农村集体经济组织和农民的意见，将被征地农民的意愿表达纳入合法有序的轨道，在双方达成一致意见的基础上，签订征地协议。坚决杜绝采取“征地先行、争议后决”的做法。第三，完善土地征用的三个程序：一是征地目的听证程序，该程序主要是审核此次征地的目的是否为“公共利益”；二是征地补偿标准听证程序，该程序主要是

对补偿的公平合理性进行听证；三是征地司法救济听证程序，即当失地农民的权益在征地过程中受到侵害或者可能受到侵害时，可以通过该程序进行申诉，求得保护。

2. 加强征地过程的监督

在征地过程中，可以聘请若干“征地监督员”，负责宣传涉及国家土地征用及补偿的法律法规和政策，对征地程序的合法性、公正性和征地补偿费的分配、发放情况进行监督，当地政府和司法部门要给予其相关的支持和帮助。征地监督机制的健全，一方面，可以及时准确地把国家政策和法规向农民宣传、公布，提高政策的透明度，保证让被征地农民及时、全面、正确地了解有关征地的政策法规，增强政策法规的透明度，确保政府依法征地。另一方面，可以监督、确保国家政策在农村的贯彻落实，从而对农民利益的保护起到积极作用。

（二）推进农地流转规范有序进行

1. 规范农地流转

农地流转要充分发挥市场的基础作用，避免政府的过度行政干预，但也不能放任自流。政府该做的是从维护农民的利益出发，不断强化对流转各个环节的指导、监督，对土地使用权的流转进行依法规范。规范基层政府和龙头企业的农地流转行为，控制土地用途的改变。土地承包经营权流转从某种意义上说是各方利益求得均衡的过程，政府应公正地行使行政权力，维护市场秩序，充当公正的裁判者。正确定位基层政府的导向作用，既要坚持农业产业化和规模化经营的基本指向，又要加强土地用途监管，杜绝打着农用地流转和产业互动的幌子对农用地进行非农开发和经营。对企业通过大规模土地流转进行非农业产业化的经营必须严格禁止。农村土地承包经营权流转后，在承包土地上进行的应该是直接的农业生产，而不是非农业的活动，土地承包经营权流转不得改变土地用途用之于非农建设。

2. 发挥政府指导和服务作用

第一，搭建服务平台。政府要依托自身的地位和资源，搭建服务平台，为土地流转的供需双方提供有效的服务，是政府的基本职责。地方各级政府要尽快建立农地流转服务中心，并依托现有网络资源建立流转信息库，为流转主体及时准确地提供可靠信息，实现市场供需双方的有效对接，降低土地流转的交易成本。农地流转服务中心除了做好流转需求信息提供外，还要做好法律政策咨询、流转价格和合同签订指导、流转利益协调和流转纠纷调处等流转服务工作。

第二，为农地流转创造环境。基础政府和乡村组织在土地流转中的定位应该是加强管理和搞好服务。制定土地利用与流转的长远规划，做好土地的集中连片和整理工作，改善农田基础设施建设，为土地流转创造良好的环境。从保障受让方的权利与利益看，要加大对农业基础设施建设的投入，改善农业生产条件，主要是改善水利、电力、道路等生产条件，为受让方实现农业规模化经营创造条件。

第三，重视农村剩余劳动力的转移。土地流转势必产生农村剩余劳动力问题。所以政府要充分重视解决农民的就业问题，为土地流转和农业的适度规模经营奠定基础。例如，在“龙头企业+合作社+农民”的土地流转模式中，对于继续留在土地上工作的农民，政府可通过让他们与公司签订合同，将农民的“土地承包权出让人”和“农村土地股份合作社工人”的双重身份体现到农民权益的保护上，明确各方利益及其救济措施，将农民利益的保护上升到制度化层面。对于脱离土地的农民，提供就业帮助。地方政府一方面，要加强对农民的技能培训，提高农民素质，组织劳务信息交流、扶持职业中介机构等。另一方面，要利用地方政府的优势积极拓展农村剩余劳动力的就业信息和就业渠道，为农村剩余劳动力的释放创造更多的机会。

（三）提高农民群体的参与能力

农民土地权益保障政策执行的主要目标群体是农民，农民的综合素质和参与能力在一定程度上会影响政策执行的绩效。因此，要提高农民整体的素质和能力。

（1）提高农民的受教育水平，提升农民的人力资本。

农民整体的认知水平和能力相对而言比较低，这直接与农村教育的落后有关。教育投资对人力资本的积累起着决定性的作用。因此，改变过去长期实行的教育资源向城市倾斜的政策，加大农村教育投资力度，改善农村教育的基础设施，提高农民的受教育水平。充分利用现有各种层次的教育资源，采取多种形式，对农民进行培训，提高其学历能力和综合素质。

（2）提高农民的组织化程度，提升农民参与能力。

一般来说，公共政策的制定是政府对各社会集团的利益进行权衡的结果。各社会集团对国家政策的影响力主要取决于利益表达的力度和有效性。在个人利益要求只有通过"团体"的渠道才能真正表达的现代社会里，单个农民呼声难以通过正常的渠道直接上达决策者，农民只有通过组织化的方式才有可能进行政治参与，以集团性的力量才会增强利益表达力度。因此，强化农村基层民主制度建设，为农民平等地参与到征地、农地流转过程中，诉求自身利益提供制度保障。提高农民组织化程度，在一定程度上可以改变农民在与各利益群体博弈中的谈判地位，有效地参与到土地征用、农地流转的执行过程中，从而提升农民的参与能力。

四、完善农民土地权益保障政策的配套

（一）完善当前的户籍制度，加快农民市民化进程

依附于户籍制度上是城乡社会保障制度的差异。为此，改革的方向是逐步完善当前的户籍制度，并构建城乡一体化的社会保障体系。结合当前的实际情况，应当采取渐进式的改革方式。首先，应当加快进城从事非农产业人口的市民化进程，落实相关改革政策，"全面放开建制镇和小城市落户限制，有序放开中等城市落户限制，合理确定大城市落户条件"，把进城落户农民完全纳入城镇住房和社会保障体系。诚如上海、河北、广东等地开通优秀农民工落户的"直通车"，浙江省也出台"放宽人才落户，对优秀农民工开放户籍限制"的相关政策。其次，可以考虑允许农民自愿通过放弃土地承包经营权的方式，由农村户口转换为城镇户口，并取得城镇社会保障。以此为基础，逐步过渡至不再以户籍作为确认身份的依据，最终构建城乡一体化的新型工农城乡关系。

（二）完善农村教育体制，从根本上提升农民权利意识和能力

在城镇化加速推进过程中，要提升农民维护自身土地权益的能力和水平，需

要从源头上即教育体制抓起，改革并完善当前的农村教育体制，提高农民整体的人力资本，从根本上增强农民保障自身权益的意识和能力。首先，要加大政府对农村教育的投入力度。一要完善农村教育公共财政体制，加大对农村教育的资金、人才等资源投入力度；二要构建农村教育财政转移支付制度，尝试建立着重向农村倾斜的专项转移支付机制。其次，要完善农村教育体系，提升农民人力资本。为了加强农民从事非农产业的能力与技术教育，顺利促进农村劳动力向外转移，必须构建多元化的农村教育体系，将普通教育与职业技术教育相结合，使农民适应多元化产业结构发展的需求。通过构建新型的农村教育体系，培育新型农民，全面提升农民群体的人力资本，增强农民维护自身土地权益的能力和水平。

（三）完善失地农民社会保障

目前，随着农地流转和城镇化进程的快速推进，大量的农村土地被征用，且征用的范围和规模呈扩大化趋势。在各种不确定因素的作用下，失地农民的社会保障功能出现弱化的倾向。失地农民社会保障制度在一定程度上可以弱化土地的社会保障功能，是农民土地权益保障政策的可靠依托。因此，完善失地农民的社会保障制度，有利于农民土地权益的保障，促进农民土地权益保障政策绩效的发挥。

1. 失地农民养老保障制度的完善

随着社会的变迁和城镇化的快速推进，对失地农民而言，以土地为基础的家庭养老逐渐失去了存在的根基。因此，把失地农民的养老保障制度作为农村社会保障制度建设的重点。根据土地流转发展程度和征地用途不同、各地区经济发展水平不同，不存在一个统一的失地农民养老保障模式，需要采取多元方案并行的策略，因地制宜地采取不同的“失地农民”养老保障模式。

首先，对居住在城市的“失地农民”实行城市养老保障。居住在城市的“失地农民”可能存有长期在城市居住的愿望和打算，他们在从业限制、生活区域、生活方式等方面与城镇人口已经基本趋同，将他们纳入城镇职工养老保险体系难度相对小一些。因此，可采用城乡一体化的养老保障体系，把失地农民的养老保障逐步纳入城镇职工养老保险，解除失地农民养老问题的担忧。具体操作可参照失地农民养老保险的规定，“对个体私营经济的低费率缴费政策，失地农民按当地上年度在岗职工平均工资的一定比例作为缴费基数，缴费一定年限（如15年），到达法定支出退休年龄，按照城镇养老保险办法计发基本养老金待遇”。

其次，针对不同年龄段的失地农民采取不同措施的养老保障。失地农民是一个介于农民与城镇居民的特殊的中间群体，现阶段把所有的“失地农民”完全纳入城镇职工基本养老保险体系是不切实际的。笔者认为，对不同年龄段的失地农民应区别对待。一是对土地流转或征地时已达到退休年龄（男60岁，女55岁）的失地农民实行政策倾斜，在养老保险费用分担等方面给予他们适当的照顾，由相关组织为其缴清15年保险统筹费，个人账户的费用用征地补偿费或土地流转收益支付。二是对40～45岁的失地农民，可由相关组织为其缴清15年的养老保险统筹费，但个人账户不享受退休年龄段的待遇。三是18～40岁年龄段的失地农民正处于接受新事物的黄金段，应对其办理“农转非”，并引导他们加入城镇养老保险。四是对18岁以下的失地者，给予办理“农转非”，将来并赋予他们城镇劳动力的待遇。

最后，完善城乡养老保障制度的过渡衔接。由于长期的城乡隔离，当前存在着覆盖城镇居民的社会养老保障（简称社保）与面向农村的农村社会养老保障（简称农保）之分，而对失地农民而言，又有失地农民养老保障（简称土保），这三项制度之间如何实现有效的过渡衔接？基本措施是鼓励“农保”“土保”一并转入基本社会养老保险。在“土保”与“社保”的过渡衔接操作上，可采取如下措施：未参加“土保”的人员，可先办理“土保”参保手续，待相应的政府补助资金到位后，退“土保”进“社保”；已参加“土保”且各方面条件符合“社保”者，由个人自愿申请退“土保”进“社保”；已参加“土保”又参加“社保”者，在一定时限内必须做出选择，只可选择其中一种。在“农保”与“社保”的过渡衔接操作上，可采取如下措施：已参加“农保”且条件符合“社保”者，可自愿选择退“农保”进“社保”，退还“农保”个人账户本息，并把原“农保”缴费本息总额按一定标准折算成“社保”缴费年限，不足部分可以一次性补缴；已参加“社保”又参加“农保”者，在一定时限内退“农保”留“社保”。

2. 失地农民就业保障制度的完善

随着城镇化的加速推进，农村被动地融入城镇经济。在这种被动型的城镇化进程中，农民失去土地，但并没有同时实现就业转移。对于失去物质性和生产性资产的被征地农民而言，就业收入构成了他们生存策略的核心内容。因此，为被征地农民提供一份相对稳定的工作，是实现“可持续生计”目标的重要手段。农民失去土地后，客观上需要从农业转向其他行业。因此，政府需要完善失地农民的就业保障制度。

（1）提高失地农民的职业技能。

首先，制定适合失地农民的职业培训，提高失地农民的职业技能和非农就业的能力。失地农民的职业培训要把市场需求与个人的发展有效结合起来，以企业的需求为基础对失地农民进行针对性的技能培训，提升失地农民的非农技能。其次，利用社会上各种组织和平台对失地农民进行再就业的培训。可以考虑把失地农民纳入当地的职业中学、技工学校进行非农技能的培训，在此基础上，政府要督促相关部门重视对农村劳动力的就业培训。最后，加快就业服务信息网络建设，加强针对失地农民就业信息的服务。政府积极搭建服务平台，成立农村就业服务中心，为失地农民提供就业咨询、指导等服务，帮助失地农民尽快实现再就业。

（2）创造有利于失地农民再就业的便利环境。

各级政府要重视并积极改善农村劳动力的就业环境，鼓励并引导各类企业尤其是征地企业吸纳失地农民，为其提供再就业的岗位。因此，一是政府应对有能力较多吸纳失地农民就业的企业给予税收优惠与政策扶持；二是政府要对征地企业进行督促，如果征地企业有能力继续吸纳劳动力的话，应优先考虑失地农民，帮助失地农民再就业；三是政府可通过相关措施促进当地乡镇企业的进一步发展，以促进失地农民的非农就业。

参考文献

[1] 奥尔森．集体行动的逻辑 [M]. 上海：三联书店，1995.

[2] 奥斯特罗姆，等．制度分析与发展的反思 [M]. 北京：商务印书馆，1996.

[3] 奥斯特洛姆．公共事务的治理之道——集体行动制度的演进 [M]. 上海：三联书店，1994.

[4] 巴泽尔．产权的经济分析 [M]. 上海：三联书店，1997.

[5] 白呈明，纪凯．新型农村社区建设中农民财产权益受损的形成与应对——基于陕西四县（区）的调研 [J]. 西安财经学院学报，2018（6）.

[6] 白炜．《中国农村调查·口述类》出版 [J]. 华中师范大学学报（人文社会科学版），2018（6）.

[7] 北京天则经济研究所《中国土地问题》课题组．土地流转与农业现代化 [J]. 管理世界，2011（7）.

[8] 毕宝德．土地经济学 [M]. 北京：中国人民大学出版社，2004.

[9] 蔡继明，高宏，熊柴．深化土地制度改革，扩大居民消费需求 [J]. 河北学刊，2018（6）.

[10] 蔡颖萍，杜志雄．家庭农场生产行为的生态自觉性及其影响因素分析——基于全国家庭农场监测数据的实证检验 [J]. 中国农村经济，2016（12）.

[11] 曹锋，刘卫柏．农村土地经营权抵押贷款满足农户融资需求的实证研究 [J]. 系统工程，2016（12）.

[12] 曾博，李江．农村土地流转市场的现实考量与制度构建 [J]. 江西社会科学，2017（12）.

[13] 曾盛聪．地利共享、分配正义与政府责任：一个分析框架 [J]. 人文杂志，2018（10）.

[14] 陈建．农村集体经营性建设用地入市收益分配简论 [J]. 湖南农业大学学报（社会科学版），2017（6）.

[15] 陈菁泉，付宗平．农村土地经营权抵押融资风险形成及指标体系构建研究 [J]. 宏观经济研究，2016（10）.

[16] 陈文琼，刘建平 . 城市化，农民分化与“耕者有其田”——城市化视野下对农地制度改革的反思 [J]. 中国农村观察，2018（6）.

[17] 陈修兰，吴信如 . 新型城镇化背景下农村空心化现状及其影响因素研究——基于浙江省 6 市 581 名村民的调查数据 [J]. 西安财经学院学报，2018（6）.

[18] 陈学斌，胡欣然 . 农村改革 40 年回顾与展望 [J]. 宏观经济管理，2018（11）.

[19] 陈莹，杨芳玲 . 农用地征收过程中的增值收益分配研究——以湖北省 17 个地市（州）为例 [J]. 华中科技大学学报（社会科学版），2018（6）.

[20] 程晓波 . 土地征收中的利益失衡与均衡：一个分析框架 [J]. 学术月刊，2016（11）.

[21] 迟福林 . 把土地使用权真正交给农民 [M]. 北京：中国经济出版社，2002.

[22] 崔梦溪 . 农地整理过程中权属调整法律问题研究 [J]. 学术论坛，2016（12）.

[23] 崔向前 . 乡村振兴视阈下涉众型土地纠纷解决 [J]. 山东社会科学，2018（11）.

[24] 戴炜 .“三权分置”视阈下集体土地所有权的二元构造 [J]. 南京农业大学学报（社会科学版），2016（6）.

[25] 单敏飞 . 人口城乡两栖状态下农村经济的振兴之路 [J]. 人民论坛，2018（31）.

[26] 狄金华，曾建丰 . 农地治理资源调整与村级债务化解——基于鄂中港村的调查分析 [J]. 山东社会科学，2018（11）.

[27] 丁静 . 农业转移人口市民化政策运行的逻辑起点与理性回归 [J]. 求实，2018（6）.

[28] 丁琳琳，孟庆国，刘文勇 . 农村集体建设用地入市的发展实践与政策变迁 [J]. 中国土地科学，2016（10）.

[29] 丁文，冯义强 . 农地闲置治理中的村民互助：地方经验与缺陷补正——以四川省 G 村为例 [J]. 北京理工大学学报（社会科学版），2018（6）.

[30] 董昕 . 土地经营权抵押贷款试点 [J]. 中国金融，2016（22）.

[31] 杜挺，朱道林 . 中国土地流转价格时空演化与宏观机制研究 [J]. 资源科学，2018（11）.

[32] 杜鹰，唐正平，张红宇 . 中国农村人口变动对土地制度的影响 [M]. 北京：中国财政经济出版社，2002.

[33] 段浩，许偲炜 . 新型城镇化中的“人地钱”挂钩制度：回应、困境与完善 [J]. 农村经济，2018（10）.

[34] 段浩 .“三权分置”下农村土地承包经营权制度的法律思考——以《农村土地承包法（修订案草案）》相关修法为视角 [J]. 晋阳学刊，2018（6）.

[35] 段禄峰 .“三权分置”背景下农民分化与城镇化耦合发展机制研究 [J]. 城市发展研究，

2018（11）.

[36] 樊帆 . 集体经营性建设用地流转收益分配研究——基于政府规制失灵的视角 [J]. 湖北社会科学，2016（11）.

[37] 范小敏，徐盈之 . 财政压力、土地出让方式与空间竞争 [J]. 山西财经大学学报，2018（11）.

[38] 方莹，王静，孔雪松，等 . 耕地利用多功能权衡关系测度与分区优化——以河南省为例 [J]. 中国土地科学，2018（11）.

[39] 高飞 . 寻找迷失的土地承包经营权制度——以农地“三权分置”政策的法律表达为线索 [J]. 当代法学，2018（6）.

[40] 高进云，乔荣锋 . 土地征收前后农民福利变化测度与可行能力培养——基于天津市 4 区调查数据的实证研究 [J]. 中国人口 · 资源与环境，2016（S2）.

[41] 高霞，朱德米 . 中国土地储备政策演进的结构特征 [J]. 城市问题，2017（12）.

[42] 耿卓 . 承包地“三权分置”政策入法的路径与方案——以《农村土地承包法》的修改为中心 [J]. 当代法学，2018（6）.

[43] 管洪彦，房绍坤 . 土地承包经营权继承的法理解构与制度重构 [J]. 学习与实践，2018（11）.

[44] 管洪彦，孔祥智 .“三权分置”中的承包权边界与立法表达 [J]. 改革，2017（12）.

[45] 管洪彦，孔祥智 . 农地“三权分置”典型模式的改革启示与未来展望 [J]. 经济体制改革，2018（6）.

[46] 郭铖 . 农业共营制效率及其利益相关者筛选、激励机制——基于崇州市的经验分析 [J]. 湖南农业大学学报（社会科学版），2017（6）.

[47] 郭晓鸣，曾旭晖，王蔷，等 . 中国小农的结构性分化：一个分析框架——基于四川省的问卷调查数据 [J]. 中国农村经济，2018（10）.

[48] 郭珍 . 资源环境紧约束下的土地利用：竞争与冒险 [J]. 郑州大学学报（哲学社会科学版），2018（6）.

[49] 海金玲 . 中国农业可持续发展研究 [M]. 上海：三联书店，2005.

[50] 韩文龙，李强，杨继瑞 . 习近平新时代农地“三权”分置的实践探索 [J]. 财经科学，2018(11).

[51] 郝晓薇，兰婷 . 土地发展权视角下的农民征地价值补偿研究 [J]. 理论探讨，2018（6）.

[52] 贺雪峰 . 改革开放以来国家与农民关系的变迁 [J]. 南京农业大学学报（社会科学版），2018（6）.

[53] 贺雪峰 . 农村社会结构变迁四十年：1978——2018[J]. 学习与探索，2018（11）.

[54] 胡凌啸 . 中国农业规模经营的现实图谱：“土地 + 服务”的二元规模化 [J]. 农业经济问题，

2018（11）.

[55] 胡新艳，王梦婷，吴小立 . 要素配置与农业规模经营发展：一个分工维度的考察 [J]. 贵州社会科学，2018（11）.

[56] 胡业翠，刘桂真，李静 . 移民安置区农户土地利用与生计变化研究 [J]. 中国土地科学，2016（10）.

[57] 黄健元， 梁皓 . 农村宅基地退出制度的源起、 现实困境及路径选择 [J]. 青海社会科学，2017（6）.

[58] 黄鹏进 . 农村土地权属认知中的差序化圈层结构 [J]. 湖北社会科学，2018（9）.

[59] 黄琴 . 土地革命时期根据地的社会动员与社会参与——以湘赣、湘鄂赣、湘鄂川黔根据地为例 [J]. 求索，2017（12）.

[60] 黄少安，文丰安 . 中国经济社会转型中的土地问题 [J]. 改革，2018（11）.

[61] 黄少安 . 改革开放 40 年中国农村发展战略的阶段性演变及其理论总结 [J]. 经济研究，2018（12）.

[62] 黄秀波 . 生存的政治：民族旅游发展中社区居民的空间争夺与利益博弈 [J]. 湖北民族学院学报（哲学社会科学版），2018（6）.

[63] 黄宇虹，樊纲治 . 土地经营权流转与农业家庭负债状况 [J]. 金融研究，2017（12）.

[64] 黄征学 . 我国城镇化进程中的土地制度变迁 [J]. 宏观经济管理，2018（11）.

[65] 黄祖辉，等 . 城市发展中的土地制度研究 [M]. 北京：中国社会科学出版社，2002.

[66] 惠建利 . 农村集体产权制度改革中的妇女权益保障——基于女性主义经济学的视角 [J]. 中国农村观察，2018（6）.

[67] 贾生华 . 中国土地非农化过程与机制实证研究 [M]. 上海：上海交通大学出版社，2002.

[68] 贾艳杰，宋洋，侯巧莲 . 农地征收补偿与增值收益分配关系探讨 [J]. 天津师范大学学报（社会科学版），2018（6）.

[69] 姜凌，冯晓菲 . 乡村振兴战略下如何突破融资瓶颈——基于物权融资公司视角 [J]. 财经科学，2018（10）.

[70] 姜晓萍 . 农村土地使用权流转中农民权利保障机制研究 [J]. 政治学研究，2011（6）.

[71] 蒋卓晔 . 乡村振兴该从何入手 [J]. 人民论坛，2018（32）.

[72] 解安 . 习近平“三农”思想体系研究——以“农民权益”为核心 [J]. 人民论坛 · 学术前沿，2017（22）.

[73] 鞠成伟 . 改革开放以来中国乡民土地权利的体制塑造 [J]. 华东政法大学学报，2018（6）.

[74] 康芒斯 . 制度经济学 [M]. 北京 ：商务印书馆，1983.
[75] 康涛 . 中印农村土地制度改革比较分析——对中国农村土地制度改革的启示 [J]. 理论与改革，2012（2）.
[76] 科斯，等 . 财产权利与制度变迁 [M]. 上海 ：三联书店，1994.
[77] 科斯，诺思，威廉姆森，等 . 制度、契约与组织——从新制度经济学角度的透视 [M]. 北京：经济科学出版社，2003.
[78] 孔祥智 . 聚焦“三农”——180 位专家学者破解“三农”难题 [M]. 北京：中央编译出版社，2004.
[79] 孔祥智 . 中国农民合作经济组织的发展与创新（1978——2018）[J]. 南京农业大学学报（社会科学版），2018（6）.
[80] 李光德 . 农地“三权分置”制度演进与变迁优化 [J]. 江汉论坛，2018（11）.
[81] 李红娟 . 我国产权制度改革历史沿革、问题及对策 [J]. 经济纵横，2018（11）.
[82] 李江一 . 农业补贴政策效应评估 ：激励效应与财富效应 [J]. 中国农村经济，2016（12）.
[83] 李金宁，刘凤芹，杨婵 . 确权、确权方式和农地流转——基于浙江省 522 户农户调查数据的实证检验 [J]. 农业技术经济，2017（12）.
[84] 李磊，张毅 . 农村承包土地经营权抵押实践分析及理论构建 [J]. 财经问题研究，2018（11）.
[85] 李文华，熊兴 . 乡村振兴战略背景下农地规模经营与农业绿色发展 [J]. 资源开发与市场，2018（11）.
[86] 李小云，左停，叶敬中 . 2003—2004 中国农村情况报告 [M]. 北京 ：社会科学文献出版社，2004.
[87] 李晓红，黄瑾 . 三权分置农地制度下农民土地财产权利受损的产权逻辑 [J]. 广西民族大学学报（哲学社会科学版），2016（6）.
[88] 梁虎，罗剑朝 . 不同模式下农地经营权抵押融资试点农户满意度评价及影响因素研究——以山东寿光、陕西高陵和宁夏同心 447 户农户为例 [J]. 财贸研究，2017（12）.
[89] 林乐芬，顾庆康 . 农户入股农村土地股份合作社决策和绩效评价分析——基于江苏 1831 份农户调查 [J]. 农业技术经济，2017（11）.
[90] 林文声，秦明，王志刚 . 农地确权颁证与农户农业投资行为 [J]. 农业技术经济，2017（12）.
[91] 林毅夫 . 财产权利与制度变迁 [M]. 上海 ：三联书店，1994.
[92] 刘晗，王燕，王钊 . 社会化分工能否提高农户经营效益——来自种植业农户的多维检验 [J]. 农业技术经济，2018（12）.

[93] 刘继来，刘彦随，李裕瑞，等 . 2007——2015 年中国农村居民点用地与农村人口时空耦合关系 [J]. 自然资源学报，2018（11）.
[94] 刘锐 . 农村征地中的限度博弈 [J]. 安徽师范大学学报（人文社会科学版），2018（6）.
[95] 刘守英，王佳宁 . 长久不变、制度创新与农地“三权分置”[J]. 改革，2017（12）.
[96] 刘卫柏，郑爱民，彭魏倬加，等 . 农村土地流转与劳动生产率变化——基于 CIRS 调查数据的实证分析 [J]. 经济地理，2017（12）.
[97] 刘元胜，于千舒 . 坚持和完善农村土地集体所有制这个制度优势 [J]. 红旗文稿，2017（22）.
[98] 龙良富 . 景区土地续租中农民的有限理性决策行为——基于中山市新伦村的个案调查 [J]. 旅游学刊，2018（12）.
[99] 龙圣锦，陶弈成 . 农村宅基地使用权抵押的权属障碍与破解路径 [J]. 现代经济探讨，2018（11）.
[100] 陆益龙，张龙 . 农村土地流转中优先权的实践建构——对河北定州一农地流转案例的分析 [J]. 南京农业大学学报（社会科学版），2018（6）.
[101] 罗琦，唐超，罗明忠 . 村治能人推进农村集体产权改革：逻辑分析与案例解剖——基于安徽省夏刘寨村的调查 [J]. 华中农业大学学报（社会科学版），2018（6）.
[102] 孟光辉 . 承包土地经营权的抵押登记问题探析 [J]. 中国农村经济，2016（10）.
[103] 米勒 . 管理困境——科层的政治经济学 [M]. 上海：三联书店，2002.
[104] 倪正春 . 英国议会圈地中农民土地权利的补偿 [J]. 中国农史，2016（6）.
[105] 牛若峰 . 中国的“三农”问题 [M]. 北京：中国社会科学出版社，2004.
[106] 诺思 . 制度、制度变迁与经济绩效 [M]. 上海：三联书店，1994.
[107] 彭錞 .《土地管理法》合宪性争议再反思——兼论立法形成条款的成因与边界 [J]. 清华法学，2018（6）.
[108] 彭海红 . 中国农村改革 40 年的基本经验 [J]. 中国农村经济，2018（10）.
[109] 彭小霞 . 农村征地冲突法治化治理的问题与策略 [J]. 湖南农业大学学报（社会科学版），2018（5）.
[110] 濮励杰，彭补拙 . 土地资源管理 [M]. 南京：南京大学出版社，2002.
[111] 普罗斯特曼 . 解决中国农村土地制度现存问题的途径探讨 [M]. 北京：华夏出版社，1994.
[112] 钱龙，洪名勇 . 非农就业、土地流转与农业生产效率变化——基于 CFPS 的实证分析 [J]. 中国农村经济，2016（12）.
[113] 钱忠好 . 中国农村土地制度变迁和创新研究（续）[M]. 北京：社会科学文献出版社，

2005.

[114] 秦国伟，卫夏青，田明华．农村土地流转后新型经营主体的经营绩效分析——基于安徽省33个县市的调查[J]. 现代经济探讨，2017（12）.

[115] 邱继勤．农村土地抵押贷款面临的挑战与政策检讨——以重庆市开县为例[J]. 农村经济，2012（2）.

[116] 任耘．乡村振兴战略下乡村旅游用地法律问题探究[J]. 西南交通大学学报（社会科学版），2018（6）.

[117] 汝信，陆学艺，李培林．2005年：中国社会形势分析与预测[M]. 北京：社会科学文献出版社，2004.

[118] 森．以自由看待发展[M]. 北京：中国人民大学出版社，2002.

[119] 沈素素．湖南省农村宅基地利用效率实证评价[J]. 经济地理，2017（12）.

[120] 石涵予，李国平．生态效益、经济租金对生态保护受偿意愿的影响[J]. 中国人口·资源与环境，2018（11）.

[121] 苏红键，魏后凯．改革开放40年中国城镇化历程、启示与展望[J]. 改革，2018（11）.

[122] 孙德超，曹志立．基于农地区域类型差异的农村土地确权模式研究——推进落实党的十九大"乡村振兴战略"之思考[J]. 商业研究，2017（12）.

[123] 孙建伟．建设用地置换视域下土地发展权的法理基础与制度构造[J]. 暨南学报（哲学社会科学版），2017（12）.

[124] 孙敏．农村集体土地所有权式微的实践逻辑及其困境——基于宁海县X镇近郊土地开发历程的思考[J]. 北京社会科学，2018（11）.

[125] 孙少岩，郭扬．健全农业社会化服务体系助推乡村振兴战略——土地收益保证贷款相关理论及实践问题探讨[J]. 商业研究，2018（11）.

[126] 汤路昀，祁春节．对不同属性农产品价格非对称性研究——农业供给侧改革背景下农产品价格波动特征分析[J]. 价格理论与实践，2017（8）.

[127] 唐将伟，熊建华．土地财政与发展不平衡：一个分析框架[J]. 经济问题探索，2018（11）.

[128] 王海娟，胡守庚．土地细碎化与农地制度的一个分析框架[J]. 社会科学，2018（11）.

[129] 王海鹏．新型城镇化进程中农民财产权益的损害与保护[J]. 西安财经学院学报，2018(6).

[130] 王留鑫，何炼成．马克思恩格斯农民合作思想研究——兼论对我国农民合作的启示[J]. 理论月刊，2016（12）.

[131] 王然，戢晓峰，陈方．连片特困地区物流经济对城镇化的影响机制[J]. 资源开发与市场，

2018（11）.

[132] 王小叶 . 农户土地规模决策行为：盲目还是理性——以河南小麦种植户为例 [J]. 经济学家，2018（12）.

[133] 王者洁 . 空间地上权 ：一项新型用益物权的生成 [J]. 东北师大学报（哲学社会科学版），2018（6）.

[134] 温铁军，刘亚慧，唐溧，等 . 农村集体产权制度改革股权固化需谨慎——基于 S 市 16 年的案例分析 [J]. 国家行政学院学报，2018（5）.

[135] 闻丽英 . 集体土地上房屋征收与补偿的立法反思 [J]. 西安财经学院学报 ，2016（6）.

[136] 翁士洪 . 农村土地流转政策的执行偏差——对小岗村的实证分析 [J]. 公共管理学报，2012（1）.

[137] 吴成峡，邓正阳 . 农地产权政策演进的多源流理论分析——以家庭联产承包责任制为例 [J]. 社会主义研究，2017（6）.

[138] 吴加明 ."以股权转让方式转让土地使用权"行为的司法认定 [J]. 政治与法律，2018（12）.

[139] 吴思，胡守庚，熊婷，等 . 长江中游经济带主体功能区土地利用转型模式研究 [J]. 资源科学，2018（11）.

[140] 吴晓燕 . 农村土地承包经营权流转与村庄治理转型 [J]. 政治学研究，2009（6）.

[141] 向超 . 论土地经营权市场分类规制的理念与模式 [J]. 学习与实践，2017（12）.

[142] 肖建英，张长立，陈龙乾，等 . 农户参与土地托管意愿的调查与实证 [J]. 统计与决策，2018（23）.

[143] 肖卫东，梁春梅 . 农村土地"三权分置"的内涵、基本要义及权利关系 [J]. 中国农村经济，2016（11）.

[144] 谢文宝，陈彤，刘国勇 . 乡村振兴背景下农户耕地质量保护技术采纳差异分析 [J]. 改革，2018（11）.

[145] 邢伟 . 产权——乡村振兴新动能 [J]. 河北经贸大学学报，2018（6）.

[146] 徐雪 . 日本乡村振兴运动的经验及其借鉴 [J]. 湖南农业大学学报（社会科学版），2018（5）.

[147] 薛宝飞，郑少锋 . 农户选择土地产权抵押贷款融资意愿研究——基于多元有序 Logistic 模型 [J]. 财经理论与实践，2018（6）.

[148] 杨慧莲，韩旭东，李艳，等 ."小、散、乱"的农村如何实现乡村振兴？——基于贵州省六盘水市舍烹村案例 [J]. 中国软科学，2018（11）.

[149] 杨继东，罗路宝 . 产业政策，地区竞争与资源空间配置扭曲 [J]. 中国工业经济，2018（12）.

[150] 杨继瑞 ."三权分置":我国农村集体土地产权制度创新的探析 [J]. 经济学家，2018（11）.

[151] 杨金阳，周应恒，黄昊舒 . 农地产权、劳动力转移和城乡收入差距 [J]. 财贸研究，2016（6）.

[152] 杨肃昌，范国华 . 农户兼业化对农村生态环境影响的效应分析 [J]. 华南农业大学学报（社会科学版），2018（6）.

[153] 杨宇，李容，吴明凤 . 土地细碎化对农户购买农机作业服务的约束路径分析 [J]. 农业技术经济，2018（10）.

[154] 杨玉珍 . 我国农地制度"被建构"与"被执行"的冲突——以土地承包经营权流转为例 [J]. 南京农业大学学报（社会科学版），2016（5）.

[155] 杨郁，刘彤 . 土地适度规模经营、农民组织化与乡村治理 [J]. 东北师大学报（哲学社会科学版），2018（6）.

[156] 姚洋 . 土地、制度和农业发展 [M]. 北京：北京大学出版社，2004.

[157] 姚洋 . 自由、公正和制度变迁 [M]. 郑州：河南人民出版社，2002.

[158] 叶剑锋，吴宇 . 宅基地制度改革的风险与规避——义乌市"三权分置"的实践 [J]. 浙江工商大学学报，2018（6）.

[159] 叶剑平，等 . 中国农村土地产权制度研究 [M]. 北京：中国农业出版社，2000.

[160] 叶剑平 . 2008 年中国农村土地使用权调查研究——17 省份调查结果及政策建议 [J]. 管理世界，2010（1）.

[161] 叶敬忠，汪淳玉 . 后现代与后结构主义视角的农政问题及农政变迁 [J]. 华南农业大学学报（社会科学版），2018（6）.

[162] 易家林，郭杰，欧名豪，等 . 城市扩张与耕地利用强度：工业发展与农户资源禀赋的调节效应 [J]. 中国人口·资源与环境，2018（11）.

[163] 印子 . 农村集体产权变迁的政治逻辑 [J]. 北京社会科学，2018（11）.

[164] 游和远 . 农地流转、禀赋依赖与农村劳动力转移 [J]. 管理世界，2010（3）.

[165] 袁航，段鹏飞，刘景景 . 关于农业效率对农户农地流转行为影响争议的一个解答——基于农户模型（AHM）与 CFPS 数据的分析 [J]. 农业技术经济，2018（10）.

[166] 袁泉 . 中国土地经营权信托：制度统合与立法建议 [J]. 重庆大学学报（社会科学版），2018（6）.

[167] 张爱民 . 城乡一体化视域下新型农村社区建设与治理创新研究——基于湖北襄阳经验 [J]. 吉首大学学报（社会科学版），2016（S2）.

[168] 张安毅 . 进城创业农民农村财产权益保护的制度障碍及路径重构 [J]. 深圳大学学报（人

文社会科学版)，2018（6）.
[169] 张斌．习近平深化农村土地制度改革的重要论述研究与现实思考 [J]. 毛泽东邓小平理论研究，2018（10）.
[170] 张聪颖，畅倩，霍学喜．适度规模经营能够降低农产品生产成本吗——基于陕西 661 个苹果户的实证检验 [J]. 农业技术经济，2018（10）.
[171] 张红宇．中国农村的土地制度变迁 [M]. 北京：中国农业出版社，2002.
[172] 张厚安．深化改革——再从农村出发 [J]. 华中师范大学学报(人文社会科学版)，2018(6).
[173] 张敬岳，张光宏．土地财政对地方经济增长影响的实证分析 [J]. 统计与决策，2018（22）.
[174] 张克俊，李明星．关于农民土地承包经营权退出的再分析与政策建议 [J]. 农村经济，2018（10）.
[175] 张婷，张安录，邓松林．农村集体建设用地市场效率测度及其影响因素研究——基于广东省南海区 372 份数据的供给侧实证分析 [J]. 中国人口 · 资源与环境，2018（12）.
[176] 张勇．农村宅基地制度改革的内在逻辑、现实困境与路径选择——基于农民市民化与乡村振兴协同视角 [J]. 南京农业大学学报（社会科学版)，2018（6）.
[177] 张璋，周新旺．土地出让价格、政府补贴与产业结构升级 [J]. 财经科学，2017（12）.
[178] 赵丹丹，周宏．农村土地流转对农户耕地质量保护选择行为的影响研究 [J]. 价格理论与实践，2017（11）.
[179] 赵弈涵．我国城市化中农村土地新增价值再分配问题研究——“城中村”模式与“宅基地换房”模式的比较分析 [J]. 产经评论，2016（6）.
[180] 赵赟，付晓伟．民国分税制与国有土地资源的争夺——以“改灶归民案”为中心 [J]. 中国农史，2016（6）.
[181] 郑峥．城市国土资源开发演化机制分析 [J]. 统计与决策，2018（21）.
[182] 周靖祥．内地农村土地流转何去何从？——重庆实践的启示 [J]. 公共管理学报，2011(4).
[183] 周其仁．产权与制度变迁——中国改革的经验研究 [M]. 北京：社会科学文献出版社，2002.
[184] 朱要龙．土地制度安排与半城镇化问题研究：分野，论争及引申 [J]. 中国人口 · 资源与环境，2018（11）.
[185] 朱一中，杨莹．土地发展权：性质、特征与制度建设 [J]. 经济地理，2016（12）.
[186] 邹钟磊，杨文平，赖奕锟，等．乡村振兴战略下的乡村建设问题及规划对策——以汉源乡村建设规划为例 [J]. 城市发展研究，2018（11）.

[187] BLUME L，SHAPIRO P.The taking of land：when should compensation be paid[J]. Quarterly journal of economics，1984（99）：71-92.

[188] BOUCHER S R，BARHAM B L，CARTER M R. The impact of"market- friendly" reforms on credit and land markets in Honduras and Nicaragua[J]. World development，2005，33（1）：107-128.

[189] CALABRESI G，MELAMED A D. Property rules，liability rules，and inalienability：one view of the cathedral[J].Harvard law review，1972，85（6）.

[190] DEININGER K，JIN S Q，HARI K. Determinants and consequences of land sales market participation：panel evidence from India[J]. World development，2009，37（2）.

[191] DEININGER K，JIN S Q. The potential of land markets in the process of economic development：evidence from China[J]. Journal of development economics，2005，78（1）.

[192] DEMAN S.The real estate takeover-application of grossmanand hart theory[J]. International review of financial allalysis，2000（2）：175-195.

[193] FAIRFAX S K.Whe an agency outlasts its time：a reflection[J].Journal of forestry，2005（5）.

[194] FIRMAN T. Rural to urban land conversion in Indonesia during boom and bust periods [J]. Land use policy，2000（17）：13-20.

[195] HARRIS G A，COGGINS G C，WILKINSON C F. Federal public land and resources law[J]. Journal of range management,2014.

[196] HENGER R，BIZER K.Tradable planning permits for land-use control in Germany[J]. Land use policy，2010，27（3）：843-852.

[197] HO P.Institutions in transition：land owner-ship，property rights and social conflict in China[M].New York：Oxford University Press，2005.

[198] JACOBY H G，Li G，REZELLE S.Hazards of expropriation：tenure insecurity and investment in Rural China[J]. American economic review，2002（15）.

[199] JOHNSTON R A，MADISON M E.From land marks tolandscapes：a review of current practices in the transfer of development rights[J]. Journal of the American planning association，1997，63（3）.

[200] JOHNSTON R A，MADISON M E.From landmarks to landscapes：a review of current practices in the transfer of development rights[J].Journal of the American planning association，1997，63（3）.

[201] KAPLOWITZ M D，MACHEMER P，PRUETZ R.Planners’ experiences in managing growth using transferable development rights in the United States[J].Land use policy，2008，25（3）.

[202] LIN G C S，HO S.The state，land system，and land development processes in contemporary China[J].Annals of the association of American geographers，2005（95）：411-436.

[203] MACHEMER P L，KAPLOWITZ M D. A framework for evaluating transferable development rights programmes[J].Journal of environmental planning and mangement，2002（6）.

[204] MILLER F P，VANDOME A F，MCBREWSTER J.City of new London[M]. Saarbrücken：Alphascript Publishing，2010.

[205] NELSON R H.Valuing nature：economic analysis and public land management：1975—2000[J].The American journal of economics and sociology，2006（16）.

[206] NORSAL E.The taking of land：market value compensation should be paid[J]. Journal of public economics，2001：431- 443.

[207] PENDER J L，KERR J M. The effects of land sales restrictions：evidence from south India[J]. Agricultural economics，1999，21（3）：279-294.

[208] TAVARES A.Can the market be used to preserve land?The case for transfer of development rights[C].European：European regional science association congress，2003.

[209] TURK S S. Land readjustment：an examination of its application in Turkey[J]. Cities，2005，22（1）：29-42.

[210] WANG H，TAO R，WANG L L，et al.Farmland preservation and land development rights trading in Zhejiang，China[J].Habitat international，2010，34（4）：454-463.

后　记

本书是在我的博士学位论文基础上修改而成的。毕业多年，因生活和工作忙碌等各种原因，书稿拖到现在才修改完成。在本书成稿之际，虽然我对细节做了修改，也对部分观点进行了修正，但由于农村土地政策变化之快，书中的一些观点未必妥当，材料的收集也未必全面。书稿得以出版，凝聚了许多人的支持和关怀，我所工作的单位——广西大学公共管理学院诸多领导敦促书稿修改，鼓励我在工作上不能懈怠，并给予我生活和工作上诸多照顾和关爱，没有他们的鼓励和支持，书稿恐怕难以完成。

本书的选题、修改和出版，首先要衷心感谢我的导师，国内知名学者傅广宛教授。傅老师是我的硕士生和博士生的导师，硕士毕业，承蒙导师厚爱，有幸能在导师身边继续深造。这六年里，我的成长和进步离不开导师的教诲和指导。由于自身基础的薄弱和懈怠，这六年的求学生涯里，我常常感到迷茫，是导师的无限包容和爱护让我有了更多的成长。在学业上，导师严谨的学术态度和渊博的学识让我终身受益，我定会努力传承这种学术精神，不负导师厚望。在生活上，导师的支持和关爱让我克服一个又一个的困难。

感谢我的博士同学们，这三年有你们的陪伴，让我度过了快乐的校园生活。感谢我的同门师兄、师姐、师弟、师妹们，谢谢你们。原谅我无法一一列举你们的名字，你们对我的关心和帮助，我铭记于心。

感谢我的家人，家人永远是我的精神支柱，坚强的后盾。

本书的一小部分内容，曾发表在《学术论坛》《云南行政学院学报》等刊物上，感谢他们允许我为了本书的结构和表述完整再次使用这些内容。

本书在出版过程中，编辑李小娟老师做了大量艰苦和细致的工作，出版社的审稿老师们进行了大量的书稿编辑工作，确保了本书的顺利出版，在此向他们表示衷心的感谢。感谢广西高等学校人文社会科学重点研究基地“区域社会治理创新研究中心”资助了本书的出版。

因笔者学识有限，本书仍存在不足，请同行专家批评指正。

韦彩玲

2019 年 11 月